Ignatz Lémann

Die religiösen Orden

Zur Orientierung über ihre Stellung in Kirche und Staat

Ignatz Lémann

Die religiösen Orden
Zur Orientierung über ihre Stellung in Kirche und Staat

ISBN/EAN: 9783743304680

Hergestellt in Europa, USA, Kanada, Australien, Japan

Cover: Foto ©Lupo / pixelio.de

Manufactured and distributed by brebook publishing software
(www.brebook.com)

Ignatz Lémann

Die religiösen Orden

Die

religiösen Orden.

Zur

Orientirung über ihre Stellung

in

Kirche und Staat

von

Dr. Ignatz Leßmann,

geistl. Gymnasial-Oberlehrer.

Vox veritatis testis exstingui nequit.
Prud.

Zweite Ausgabe.

Paderborn, 1870.

Verlag der Junfermann'schen Buchhandlung.

(J. E. Pape Wwe.)

Inhalt.

—

I.

Veranlassung — Gegner — Zweck dieser Schrift.

Friedr. v. Hurter sagte im J. 1845: Die menschliche Gesellschaft scheidet sich immer mehr in zwei entschiedene Heerlager, bis endlich beide, die römisch-katholische Kirche und der Materialismus, zum Entscheidungskampfe einander gegenüberstehen.*)

Wie hat dieser Weltgang seit dem Revolutionsjahre 1848 mit Riesenschritten sich seinem Ziele genähert!

Einerseits hat das Princip des Guten, das sich in der katholischen Kirche concentrirt, um durch sie das Reich Gottes und der Gnade zu begründen, in Deutschland, Frankreich und England einen wunderbaren Aufschwung genommen. Die Entschiedenheit ihres Glaubens wächst; die Anhänglichkeit an ihr Oberhaupt, ihre Bischöfe, ihren gesammten Clerus nimmt zu; die Benutzung ihrer sakramentalen Schätze wird immer häufiger; selbst in den höchsten

---

*) Geburt und Wiedergeburt, II, S. 209.

Kreisen, in den öffentlichsten Versammlungen, wo man mit dem schönen Spruche: „Gelobt sei Jesus Christus!" die Bühne betritt, erfreut uns die Kundgebung eines kirchlichen Sinnes, eine männliche Begeisterung für die höchsten Opfer und Thaten; aber die edelste und zarteste Blüthe unter all diesen religiösen Erscheinungen ist unstreitig — die heilige Liebe zum Ordensleben.

Andrerseits macht das Princip des Bösen erschreckende Fortschritte: es sammelt alle Elemente, um das Reich der Materie, d. h. der bösen Natur und des Satans aufzubauen. Das Centrum seiner Thätigkeit ist die Revolution: — Revolution gegen Alles, gegen Wahrheit und Recht, gegen Ordnung und Sittlichkeit und darum gegen die katholische Kirche, und gerade gegen das edelste und heiligste Erzeugniß dieser Kirche ist ihr erster und ihr unversöhnlichster Haß gerichtet, gegen — die aufopfernde Kreuzesliebe der religiösen Orden.

Das sind zwei Thatsachen, von denen man keine unterschätzen darf; da sind die beiden Heerlager, und wer kann verkennen, daß hier Alles mehr und mehr einer folgenschweren Entscheidung entgegenreift? —

Um bei Deutschland zu bleiben, so führt man in der „deutschen Reform" einen offenen Kampf. Die Zügellosesten stehen im Vordertreffen, die Apoden Füßen ihres göttlichen Meisters sitzen und durch Gebet, Andere durch Werke der Buße, die Gnaden= quellen der Erlösung auf die sündige Welt herabziehen.

Dieses ist das volle Leben der Kirche, und die Er= scheinungen dieses Lebens sind die religiösen Orden. Sie sind nicht das Wesen der Kirche; aber die Blüthe und Frucht, welche nothwendig aus ihrem Wesen hervorgehen.

„Fragen, sagt Balmes, ob es Katholizismus ohne religiöse Orden geben könne, heißt fragen, ob dort, wo die Sonne nach allen Richtungen ihr Licht und ihre Wärme ergießt, wo eine belebende Luft weht, wo eine fruchtbare Erde von reichlichem Regen getränkt wird, die Vegetation fehlen könne; fragen, ob die religiösen Orden für immer untergehen können, heißt fragen, ob die vorübergehenden Orkane, welche die Fluren verwüsten, verhindern können, daß die Pflanzen aufs neue hervorwachsen, daß die Bäume wiederum blühen und Früchte tragen, daß die Felder mit neuer Ernte sich bedecken. So lehrt die Ge= schichte; so bestätigt es die Erfahrung; einen Katho= lizismus verlangen, der nicht einigen bevorzugten Men= schen den Wunsch einflößte, Alles aus Liebe zu Jesus Christus zu verlassen, der Betrachtung der ewigen Wahrheiten, dem Heile der Mitmenschen sich zu wid= men, heißt einen Katholizismus verlangen ohne Wärme des Lebens, heißt einen schwachen Baum sich vor=

stellen, dessen Wurzeln nicht in die Tiefen der Erde eindringen, der bei der ersten Hitze des Sommers verdorrt oder leicht vom Nordsturme entwurzelt wird".*)

Doch wozu diese Frage: ob die religiösen Orden zum Wesen der katholischen Kirche gehören? — Fragen wir lieber, ob der göttliche Stifter dieser Kirche das Ordensleben gewollt und eingesetzt habe? Hat er es gewollt und eingesetzt, dann ist es für jeden treuen Anhänger auch eine heilige Angelegenheit, ist etwas, das der Kirche weder je fehlen darf, noch fehlen wird.

Das Ordensleben ist nichts anders, als die Ausübung der evangelischen Räthe, und der Ordensstand ein Lebensverhältniß, in welchem Jemand sich durch ein Gelübde bleibend verpflichtet, durch Beobachtung der Armuth, Keuschheit und des Gehorsams nach der Vollkommenheit zu streben.**) Ist ein solches Leben und ein solcher Stand dem Willen Jesu Christi gemäß?

Die ehrwürdigsten Autoritäten der Kirche lassen uns hierüber keinen Augenblick im Zweifel. Daß die Christen nach dem Willen ihres göttlichen Meisters

---

*) Briefe an einen Zweifler. Uebers. von Dr. Fr. Lorinser. Regensb. 1852. S. 286.

**) Diese Begriffsbestimmung lautet bei Bellarmin also: „Religio status est hominum ad perfectionem christianam per paupertatis, continentiae et obedientiae vota tendentium." Tom. 2. Controv. de Monachis, c. 2. col. 427. — Edit. Ingolst.

seit dem Anfange der Kirche in zwei Klassen zerfallen, wovon die eine durch Beobachtung der göttlichen Gebote zum Himmel hinansteigt, die andere im Streben nach höherer Vollkommenheit die evangelischen Räthe noch obendrein zur Lebensnorm erwählt und durch die heiligsten Gelöbnisse sich dazu verbindet: das ist ein Gedanke, der bei den heiligen Vätern oftmals wiederkehrt. Die Lebensweise der Mönche und gottgeweihter Personen führten sie zurück bis auf Christus; in ihm erkannten sie den eigentlichen Stifter des Ordenslebens. So Athanasius und Augustinus. Der hl. Basilius, wo er die religiösen Genossenschaften zur Beobachtung des Gehorsams und zur Heilighaltung der Regeln aufmuntert, fügt als Grund hinzu: „Christus hat sich ja die Jünger auserwählt, um den Menschen ein Vorbild dieser Lebensweise zu hinterlassen."*)

In der 17. Homilie an das Volk von Antiochia spricht der h. Chrysostomus von Mönchen, die von ihren Bergen herabgestiegen, um der unglücklichen Stadt beim Kaiser Verzeihung auszuwirken. Indem er nun ihre religiösen Tugenden und ihre heldenmüthigen Werke lobt, ruft er begeistert aus: „So viel vermag jene Philosophie, welche Christus unter den Menschen eingeführt hat." Unter jener Philosophie

---

*) Constit. monasticae, c. 22. ed. Migne, vol. 3. col. 1408.

versteht er aber eine geregelte Lebensweise, wie die
h. h. Apostel, nach der höchsten Vollkommenheit stre-
bend, sie geführt haben; denn er sagt etwas weiter
unten: „Offenbar wahr sind also auch jene frühern
Werke der h. h. Apostel Johannes, Petrus und Paulus
und aller übrigen. Denn weil diese Mönche — von
benen in der Homilie die Rede ist — den Pfad ihrer
Frömmigkeit betraten, deshalb zeigten sie auch deren
Vertrauen; weil sie unter denselben Regeln aufer-
zogen sind, deshalb haben sie auch deren Tugend
nachgeahmt".*) Und übereinstimmend mit dieser
Lehre des Alterthums sagt aus der neuern Zeit der
h. Franz von Sales: „Christus selbst hat die evangelischen Räthe ausgeübt und in der ursprünglichen
Kirche sie üben lassen . . . Seiner Anweisung muß
die Kirche folgen. Wozu hätte der Herr diese Räthe
denn empfohlen, wenn Niemand sie befolgen sollte?"**)
Aber öffnen wir die h. h. Bücher selbst. Gar
zahlreich sind jene Stellen, wo der Herr bald die
Entsagung irdischer Reichthümer (Luc. 14, 33), bald
die englische Reinheit (Matth. 19, 11), bald die Ent-
äußerung des eigenen Willens durch den Gehorsam
(Joh. 6, 38. 8, 29) anempfiehlt. Alle drei Räthe
des vollkommenen Lebens sind beisammen, wenn der
Herr zu jenem Jünglinge, welcher bis dahin die Ge-

---

*) Chrysost. ed. Migne, vol. 2ᵃ col. 175.
**) Opere, tom. 8. disc. 14. p. 191. Ed. Brescia, 1830.

bote treu beobachtet hatte, aus besonderer Liebe weiter
spricht: „Willst du vollkommen sein, so gehe hin,
verkaufe alles, was du hast und gib es den Armen;
dann komm und folge mir nach" (Matth. 19, 21).
Ist hier die Armuth nicht ausdrücklich genug durch
die Vertheilung aller Habe bezeichnet? der Gehorsam
durch die ausschließliche Nachfolge des Herrn? und
diese Nachfolge, setzt sie nicht die Keuschheit voraus,
da ein Verheiratheter ja an sein Weib gebunden ist
und an die Sorge für seine Kinder, eine Verpflich=
tung, die wiederum mit der Armuth sich nicht ver=
trägt? — Ebenso hat Christus sämmtliche drei Räthe
verbunden, wo er auffordert, Alles zu verlassen
„Vater, Mutter, Weib (Keuschheit), Kinder, Felder
(Armuth), ja selbst noch seine eigene Seele (Gehor=
sam)" Luc. 14, 26. Es ist hier aber ferner von
einer unwiderruflichen Nachfolge Jesu die Rede, und
so finden wir damit das feste Band der Gelübde
angedeutet. Sie sind in der That die natürlichste
Form für eine unwiderrufliche Wahl, die Jemand
aus Liebe zu Gott treffen will. Hätte also Christus
die Ordensgelübde auch nicht unmittelbar eingesetzt,
obgleich Theologen von der größten Autorität solches
behaupten,*) sie gehen doch immerhin aus dem, wozu
Christus auffordert, mit Nothwendigkeit hervor, und

---

*) S. Suarez, tom. 14. de virtute et statu religionis.
vol. 3. l. 3. c. 2. (Ed. Venet. 1746).

darum finden wir dergleichen Gelübde schon in der apostolischen Zeit. Wenn der h. Paulus im ersten Briefe an Timotheus von jüngern Witwen redet, welche „sich die Verdammniß zuziehen, weil sie ihr früheres Versprechen gebrochen haben" (V. 12), indem sie das zweite Mal sich verheirathen wollen, so kann hier nur ein Gott abgelegtes Gelübde der Enthaltsamkeit verstanden werden, weil nach christlicher Lehre eine zweite Ehe an sich erlaubt ist.*) Auf diese Weise war man in der Kirche immer bemüht, die Räthe Jesu Christi durch eine bleibende Verpflichtung auszuführen; und wenn anfangs auch die Verfolgungen das Entstehen von Klöstern unmöglich machten, so verbreiteten sich diese doch mit erstaunlicher Schnelligkeit, sobald die Kirche von dem äußern Drucke befreiet war. So sehr ist das Ordensleben im Wesen des Christenthums begründet. — Ein tiefes Bedürfniß der menschlichen Natur kommt ohnehin damit zum Ausdruck. Wem fällt es nicht auf? diese drei evangelischen Räthe sind eine Art Symbolik für die Erhebung vom Sündenfalle. Wie die dreifache böse Lust an das Verderbniß der menschlichen Natur und an den Verlust des ersten Paradieses erinnert: so mag die Seele sich durch die drei heiligen Ordensgelübde am entschiedensten von dem

---

*) Die hiermit übereinstimmende Meinung der größten Ausleger siehe bei Estius ad h. l.

Falle zur ursprünglichen Heiligkeit emporringen, und ein zweites, unendlich schöneres Paradies winkt ihr als Siegespreis vom Ziele entgegen. Dieses empor= ringende Verlangen liegt in der heiligen Kirche seit den Tagen ihres Stifters. Immer bestand in ihr als „dem vielgegliederten Leibe des Herrn", wie Möhler sagt, „ein Glied, das als lebendige Erin= nerung an den verlassenen höhern Zustand des ge= sammten Geschlechtes zu betrachten ist, und als ver= körperter Seufzer, als tief athmende Sehnsucht der Gläubigen nach der Rückkehr zu demselben zugleich. In diesem Gliede (dem Mönchthume) stellt sich nur am reinsten dar, wohin Alle mit schmerzenreicher Wehmuth zurückblicken, und wohin Alle mit heißem Verlangen, als dem endlichen Ziele vorwärts schauen. Wo dieses Glied nicht erstirbt, das ist wohl klar, wo es vielmehr frische Wurzeln hat und grünt und Blüthen treibt und edle Früchte trägt, da ist christ= liches Leben; denn es ist aus den wesentlichsten Lehren des Christenthums hervorgetrieben und bringt die= selben stets zur frischesten Anschauung".*)

Große Theologen waren sogar der Ansicht, Christus habe den Aposteln eine bestimmte Le= bensregel mit den Gelübden vorgezeichnet und so unmittelbar einen Ordensstand eingesetzt.**) Wollen

---

*) Gesamm. Schriften u. Aufsätze. Bd. II, S. 170.
**) S. Suarez l. c.

wir auch hierauf kein besonderes Gewicht legen: wir müssen es jedenfalls sehr angemessen finden, daß Jesus Christus die evangelischen Räthe nicht als bloße Doctrin zurückließ, sondern noch während seines irdischen Wandels für Begründung eines Standes sorgte, der jene praktisch ergriff und als Vorbild des Strebens nach Vollkommenheit ins Leben übersetzte. Daß dann die Apostel selbst diesen vollkommensten Stand bildeten,*) ist natürlich; und von den Aposteln hätte sich so das Ordensleben in einem und demselben Geiste, aber in tausendfach verschiedenen Strömungen durch die h. Kirche ergossen.

Wir wollen an einzelne Züge im Erlösungsplane Jesu Christi erinnern. — Der Heiland sah

---

*) Wenn der hl. Paulus (I. Cor. 9, 5) sagt: „Haben wir nicht das Recht, eine Schwester, ein Weib mit umherzuführen, wie auch die übrigen Apostel, und die Brüder des Herrn und Kephas thun? Oder entbehre ich und Barnabas allein des Rechtes, nicht zu arbeiten?" so darf man hierin keinen Gegensatz zur ausgesprochenen Ansicht finden wollen. „Hier sind nicht Gattinnen gemeint, welche die Apostel nebst Kindern und Mägden auf ihren Missionsreisen mit sich führten, sondern, wie die Väter schon bemerkt haben, waren es Frauen, welche nach jüdischer von Christus selbst beobachteter Sitte den Aposteln folgten, um ihnen zu dienen und ihren Verkehr mit dem weiblichen Theile der Familien zu vermitteln. Das konnten jene Apostel, deren Wirkungskreis vorzugsweise unter den Juden lag, unbedenklich thun, da es diesen nicht auffiel; Paulus und Barnabas aber, deren Thätigkeit den Heiden gehörte, verzichteten auf ein Recht, dessen Gebrauch den Heiden anstößig gewesen wäre." Döllinger, Christenthum und Kirche. S. 380.

das Menschengeschlecht wandeln in den Niederungen des Lebens, dem Herzen und dem Geiste nach immer abwärts zur Erde, und so von seiner hohen, himmlischen Bestimmung abgezogen. Wie mußte es den Menschen ergehen, wenn sie auf ihrer Pilgerfahrt nicht bisweilen Berge antrafen, die aus dem Flachland emporsteigen, und nach denen sie immer wieder sich orientiren könnten; heilige Berge mit Pflegestätten himmlischer Andacht, wo sie sich wieder erquicken, mit höherer Sehnsucht und Gnade erfüllen dürften?

Solche Berge mit ihrem Feuerheerd göttlicher Liebe sollten die religiösen Orden sein. Da weht die reine Luft einer himmlischen Region; da brennt der Opferheerd der Entsagung, um des Menschen Sinnen und Trachten zu läutern; von da tönt die Glocke der Andacht zu den Menschenwohnungen des Alltagslebens hinab, tröstend und mahnend, daß die Seelen immer wieder sich emporrichten und, von heiliger Sehnsucht getragen, dem Leben der Gnade folgen.

In alle Stände des Lebens sollten die Orden durch ihre Mitglieder gleichsam ihre Wurzeln einsenken, und indem sie dieselben mit sich verbinden, zugleich auch mit der Kirche innig verflechten. Wie manche sonst der Kirche fernstehende Familie ist auf diese Weise ihrem Herzen genähert worden! Besonders in den zahlreichsten aller Lebensstände, in die

Herzen der Armen und Bedürftigen, sollten sie durch
ihr wohlthuendes Wirken, und mit ihnen der Geist
der Kirche, recht eigentlich hineinwachsen. Jeder Orden ist wie eine Herzkammer der Kirche, aus welcher
Wärme der Andacht und die Energie der Liebe in
alle Gliederungen ausströmt.

Die Welt muß immer durch das Kreuz über-
wunden werden. Wohlan, die Orden sollten die
privilegirten Schulen des Kreuzes sein. In den
Orden sollte die Kirche ihre heldenmüthigen Streiter
sammeln um des Kreuzes Fahne, mit der sie dann
ausziehen zu allen Opfern der Nächstenliebe, um
so die Wahrheit und die göttliche Abkunft ihrer
Mutter zu bezeugen und durch ihre übernatürliche
Lebenskraft siegreich Welt und Satan zu über-
winden.

Und dieser siegende Geist des Kreuzes, der den
evangelischen Räthen entquillt, er sollte auch in die
Schichten des Volkes hineinträufeln. „Ein Volk,
das keinen Theil hat an den evangelischen Räthen,
wird auch auf dem Wege der Gebote sich nicht erhalten. In der Kirche ist Alles übernatürlich, Alles
geheimnißvoll, und wie die äußersten Glieder des
Menschenleibes verdorren, wenn die geheimnißvolle
Thätigkeit der in ihnen ausgebreiteten Nerven er-
lischt, so muß auch in allen Gliedern des Laien-
standes jener Geist des Gebetes, der Hingebung und

der höheren Uebungen der Religion erhalten werden, damit sie nicht absterben.“*)

Vielleicht wird mancher Leser hier den Einwurf erheben, die Bedeutung der Orden sei von uns doch übertrieben worden; wir vergäßen namentlich, daß die erlösende Thätigkeit der Kirche sich in erster Linie durch den Weltclerus, als deren eigentliches Organ, vollziehe.

Nein, wir dürfen das nie vergessen, ja, wir wollen es bei dieser Gelegenheit sogar betonen. Nach den Grundsätzen des canonischen Rechtes sind die Bischöfe, als die Nachfolger der Apostel, die eigentlichen Hirten der Kirche, welche durch die Seelsorger die Heerde Gottes zu weiden haben. Ohne Zweifel nach dem Willen Jesu Christi. Der Weltclerus ist in Folge hiervon mit der Aufgabe betraut, das Volk Gottes einzuführen in das „gelobte Land“; auf dieser Wanderung sollte er vorzugsweise des Tages Last und Hitze zu tragen haben, mitten drin stehend in den Lebenskreisen des Volkes, mit seinen bürgerlichen Interessen, wie mit seinen nationalen Sympathien verwachsen. Achtung darum vor dem Weltpriester!

Aber das ist nicht der ganze Plan des göttlichen Stifters. Wenn wir den hohen Beruf des Weltclerus in der Kirche hervorheben, können wir

*) Katholik. l. c. S. 171.

einen Umstand nicht übersehen, durch welchen die hohe Bedeutung der religiösen Orden nur um so mehr hervortritt.

Einerseits soll der Weltpriester, nach Maßgabe der göttlichen Idee, mitten im Volke stehen und dem Gewühle des Alltagslebens, mitten in der Welt, die ihn keineswegs mit den Lockungen der dreifachen Lust verschont: andrerseits sollte er über das Volk, dessen Leidenschaften und niedere Triebe erhaben sein, sollte Tugenden entwickeln, die wesentlich keine andere sind, als die Tugenden des Ordensmannes. Was wird ihm helfen zu diesen Tugenden?

Manche tiefblickende Geistesmänner haben geglaubt, ein höchst wirksames Mittel hiezu müßte im lebendigen Vorbilde eines guten Ordensclerus geboten sein. „Der Sinn des mitten in die Welt hineingeworfenen Geistlichen, sagt Möhler, wird auf eine begreifliche Weise leicht abgestumpft; er ist in bestimmende Verhältnisse versetzt, die, weil sie Vieles wirklich entschuldigen, nicht selten Alles entschuldigen sollen, so daß die Schwierigkeit, seinem Amte in gegebenen Fällen zu genügen, in die Vorstellung der Unmöglichkeit übergeht und alle Begeisterung verschwindet, an deren Stelle sodann Gleichgültigkeit, Kälte und Lähmung aller Kräfte tritt. Männer, die dem Clerus einerseits angehören, andrerseits aber doch nicht in der Welt wirken und darum als seine

ideelle Seite zu betrachten sind, erscheinen daher wün-
schenswerth; Männer, die selbst unbeschädigt von den
Einflüssen der Welt leicht von den vorhandenen Miß-
ständen in tiefster Brust ergriffen und bei der Erwägung der gemeinen Wirklichkeit im Innersten be-
unruhigt werden, die Alles rein und rücksichtslos aus
dem Standpunkte der Idee betrachten und unaufhör-
lich die Verwirklichung derselben fordern."*)

Und in der That, wenn wir auch nur auf die
letzten zwei Decennien hinblicken, so sehen wir durch
die Erfahrung bestätigt, was die Orden für die Weltpriester sind. „Der Clerus aller Diöcesen in Deutschland hat in dem Maße sich erfrischt, in welchem er wieder mit den Orden in Berührung trat, und an seinen
Uebungen, an seinen Regeln Theil zu nehmen sich
entschloß. Die Exercitien, welche auf einige Tage
den Weltclerus zu den Freuden und zu dem Frieden
des gemeinsamen Lebens zurückrufen, sind die reich-
lichsten Quellen seiner Erfrischung. Seitdem die Conferenzen, Sodalitäten und Gebetsvereine unter dem
Weltclerus wieder in Aufschwung gekommen, hat
der Geist des Clerus sich wiederum losgerissen aus
den allzu engen Umarmungen der Welt. Seitdem
man wiederum angefangen, sich der „mönchischen"
Sitte einer clericalen Kleidung zu bedienen, ist der

---

*) Geschichte des Mönchthums. Gesammelte Schriften und
Aufsätze. Herausg. v. Dr. Döllinger. Bd. 2. S. 216.

Weltclerus in der Entschiedenheit seiner Gesinnungen fortgeschritten. Die Geschichte dieses Jahrhunderts zeigt, wie kaum ein anderes, daß der Geist des Ordenslebens das wahre und eigentliche Salz des Clerus ist, und daß er in demselben Maße sich erfrischt, in dem er seinen Impulsen folgt."*)

Diesen folgt er heute, wie ehemals, durch Bildung jener schönen „Congregationen", in welchen sich die Weltpriester selbst zum gemeinschaftlichen Leben vereinigen. In Italien sah man einst die „Oblaten" des h. Karl Borromäus den Clerus mit dem Geiste eines Heiligen durchdringen, und gegenwärtig sollen sie trotz den Revolutionsstürmen sich neu zu erheben suchen. Gleiches hohes Ziel verfolgten in Deutschland die Bestrebungen, welche von Bartholomäus Holzhauser († 1658) ausgingen und die bei seinen Lebzeiten von vielen Bischöfen unterstützt und z. B. vom Bischofe von Chur 1644 so eifrig verbreitet wurden, daß er an alle Decane seiner Diöcese die Aufforderung ergehen ließ, sich der Stiftung Holzhausers anzuschließen. Dieselbe Idee macht sich wieder geltend, und heute sehen wir sie schon in den Diöcesen Münster, Köln, Limburg, Paderborn, Passau u. s. w. sich in dieser oder jener Form verwirklichen. Auch auf Frankreich wirkt dieses Bei=

---

*) Katholik. l. c. S. 167.

spiel des deutschen Clerus. England rühmt sich eines
Manning, und dieser Mann mit seinem praktischen
Genie hat ebenfalls für seine der Kirche wiederge-
wonnenen Freunde zu London eine Oblaten-Congre-
gation errichtet.

So sollten die religiösen Orden nicht nur auf
die Laienwelt, sondern, indem sie ihm das Ideal des
priesterlichen Sinnes vorhalten, mächtig auch auf den
Secularclerus wirken. Das ist die Idee des göttlichen Stifters. Zu ihrer Verwirklichung, wie sie
für uns in der Geschichte jetzt vorliegt, ist das Ordensleben mit seinen heiligen drei Gelübden, dem
Keime nach, mit der Kirche selbst eingesetzt.

Aus dieser Einsetzung und diesem Willen Jesu
Christi kommt jene geheimnißvolle Macht,*) welche
die religiösen Genossenschaften und Klöster in der
Kirche stets ausgeübt haben. Und was anders als diese
segenbringende Macht zieht ihnen den Haß und die
Erbitterung der modernen Feinde zu? Sie fühlt man;
in den Orden erkennt man die Schlagadern, in denen
die übernatürliche Lebenskraft der Kirche am stärksten
pulsirt. Die Revolutionäre der Literatur, der Jour-
nalistik, der Kammern und der Bureaukratie, sie
fühlen mit richtigem Instinkt, daß sie mit dem Chri-

*) Vgl. §. 382 „Bedeutung der religiösen Orden für das
sittliche Leben." Kath. Moraltheologie von F. Probst. Bd. 2.
Tübing. 1850.

stenthume nicht fertig werden, wenn sie nicht mit der Last der Ketten die freie Entfaltung der Orden unmöglich machen.

Möchten doch, wie diese Feinde, ebenso alle Katholiken, Priester wie Laien, die hohe Bedeutung der Orden zu schätzen wissen.*) Keiner würde diese dann so leichthin als der Kirche unwesentlich betrachten und glauben, sie einem materialistischen Zeitgeiste sorglos zum Opfer bringen zu dürfen.

Nicht so dachten gegen Ende des vorigen Jahrhunderts die Bischöfe Belgiens, die den reformatorischen Eingriffen Joseph' II. gegenüber wiederholt hervorhoben, das Ordensleben gehe wesentlich aus dem Glauben der christlichen Religion hervor.**)

Nicht so dachten die im J. 1848 zu Würzburg versammelten Erzbischöfe und Bischöfe Deutschlands, welche in ihrer Denkschrift „die durch alle Jahrhunderte der Kirche in den mannigfachsten Gestaltungen erscheinenden religiösen Vereine von Männern und Frauen" als die „mit dem Wesen des Cultus innigst

---

*) Selbst auf Julian, den Abtrünnigen, machte das Mönchthume jener Zeit einen solchen Eindruck, daß er auch dieses Institut gleich so vielen andern von der Kirche zu entlehnen, Klöster für Männer und Frauen auf das heidnische Gebiet zu übertragen, und dadurch dem Culte der Götter eine neue Stütze zu gewähren beabsichtigte. S. Möhler, l. c. S. 224.

**) Vgl. Epistola Em. J. H. de Franckenberg ad Belgii Gubernatores, in Synodico Belgico, ed. de Ram, tom. 2. p. 516.

zusammenhängende Blüthe des katholischen Lebens" bezeichnen und für sie darum von den deutschen Regierungen mit Nachdruck „das gleiche Recht der Freiheit, der Association in Anspruch nehmen, welches die Verfassung des Staates allen Staatsbürgern gewährt."

Nicht so dachten die römischen Päpste, die in ihren den geistlichen Orden ertheilten Approbations-bullen oft sich geradezu auf den ausgesprochenen Willen Jesu Christi berufen.

Nicht so dachte Pius VI., der in seinem Breve an die französische Geistlichkeit über die Grundsätze der constitution civile, wornach alle regulären Genossenschaften unterdrückt und für die Zukunft als unzulässig verboten waren, also schreibt: „Die Ab-schaffung der regulären Orden, vom Nationalconvent häretischer Weise decretirt, verletzt den Stand des öffentlichen Bekenntnisses der evangelischen Räthe, verletzt eine Lebensweise, die von der h. Kirche als mit der apostolischen Lehre übereinstimmend empfoh-len, endlich verletzt sie selbst jene ausgezeichneten Ordensstifter, die wir auf unsern Altären verehren, und die jene geistlichen Gesellschaften nur unter gött-licher Inspiration gegründet haben."*)

Immer galt in der katholischen Kirche der

---

*) Breve „Quod aliquantum" an den Card. La Roche-foucauld und andere. 10. März, 1791.

Grundſatz, daß nur da das volle Chriſtenthum blüht, wo alle Anſtalten des göttlichen Stifters, auch die als Räthe eingeſetzten und von der urſprünglichen Kirche an immer beſtandenen Ordensgelübde keine Einſchränkung des Staates leiden. Man ſage nicht, die katholiſche Kirche habe doch wiederholt mit den Staatsregierungen Concordate abgeſchloſſen, ohne daß in denſelben die Exiſtenz der Orden und Klöſter ſtipulirt war. Das ſind Nothfälle, in welchen die Kirche mit einer Mutter zu vergleichen iſt, die im äußerſten Falle dem Kinde wenigſtens die Nothtaufe ertheilt, um es nicht des Heiles verluſtig hinſterben zu laſſen. Die Kirche begnügt ſich mit dem Aller-nothwendigſten, wo ſie befürchten muß, ſonſt gar nichts für die Seelen thun zu können. Was ſoll man aber von ſolchen Staatsregierungen ſagen, welche die von Jeſus Chriſtus, dem Sohne Gottes, geſtif-tete h. Kirche in die Lage einer ſo armen, in die äußerſte Noth verſetzten Mutter hineindrängen und darin ſogar noch mit Rechtstiteln feſt zu bannen ſuchen?

Wegen der großen Verdienſte der religiöſen Orden hat die katholiſche Kirche ſie ſtets mit Sorg-falt gehegt, und ihnen durch mannigfache Privilegien eine bevorzugte Stellung angewieſen. In den Con-gregationen des Concils von Trient hat man einige Angriffe auf dieſe Privilegien verſucht, es iſt wahr;

aber die angeregte Erörterung stellte die Gründe
derselben nur in helleres Licht. Und wenn man auch
in unsern Tagen die Orden deshalb gehässig machen
und den Weltclerus damit schrecken will, so ist das
wohl nur Unverstand oder Leidenschaft. Wir sehen
in der That nicht, was da für Verwickelungen entstehen könnten. Seit dem Concil von Trient sind
die beiderseitigen Rechts- und Wirkungssphären bis
ins kleinste Detail so ausgeprägt und abgegrenzt,
und es haben die Bischöfe eine so umfassende und
geregelte Autorität und ist überdies der Papst, als
der gemeinsame Schiedsrichter, so erleuchtet und so
zugänglich, daß etwaige Mißverständnisse leicht zu
lösen, gutgemeinte Rechtsfragen in kürzester Zeit zu
entscheiden sind. Wenn man z. B. in Betreff der
Jesuiten so gern dem Publikum Staub in die Augen
streuet, als ob sie „unabhängig von den Bischöfen"
die Seelsorge ausübten, so verräth diese Verleumdung gleich ihre trübe Quelle.

Bei dem großen Wachsthume der Bevölkerung
einerseits, und bei dem Mangel an genügender Do-
tation von Curatstellen andrerseits ist die Hülfe des
Ordensclerus durchaus nothwendig.

Damit wollen wir aber keineswegs sagen, die
Ordenspriester seien nichts Anderes, als die „Noth-
helfer" der Diöcesangeistlichen und die kirchliche
Thätigkeit des regulären Clerus habe nicht eine

3

ebenbürtige Berechtigung neben der des Weltclerus. Wohl haben einzelne Stimmen dieses bereits auf dem Concil von Trient ausgesprochen, und Febronius klagt, daß dieselben überhört wurden, und der Ordensclerus auch außer dem Nothfalle*) im Weinberge des Herrn arbeiten dürfe. Im Interesse desselben modernen Kirchengeistes arbeitete Scipio Ricci und die Aftersynode von Pistoja; aber die kirchliche Autorität hat dies Streben verurtheilt, und nur bei Katholiken, die nicht zur „clericalen" Richtung gezählt werden möchten, finden die entsprechenden Grundsätze noch einen Boden.

Nein, die religiösen Orden sind nicht die „Nothhelfer" der Weltgeistlichkeit, sondern die Hülfstruppen der Kirche, welche diese zur Förderung des Erlösungswerkes mit und neben dem Secularclerus verwendet.**)

Das ist die Bedeutung jenes Gesichtes von Papst Innocenz III., welches der h. Bonaventura erzählt***) und Benedikt XIV. bestätigt****). Er sah, wie

---

*) „Necessitati enim summae parendum est" — sagt er.

**) „Adjutores et cooperatores Episcoporum" Clem. de sepulturis, cp. 2. Dudum. (l. 3, tit. 7). — Fagnanus (Commentar. in 2. part. lib. 1. decretal. de Majorit. et obed. cp. „Quod super his"; n. 29. tom. 2. p. 500. Ed. Coloniae, 1681.) — findet es beklagenswerth „quod Episcopi (aliquot) non agnoscant, regulares esse coadjutores suos."

***) Legenda S. Francisci, cp. 3.

****) Oratio in comitiis generalibus F. F. Minor. anno 1750.

die Kirche vom Lateran, in ihren Grundmauern
wankend, den Einsturz drohte, der h. Franziskus
aber dieselbe mit seinen Schultern aufrecht erhielt.
Durch den hl. Franziskus ist der Orden der mindern
Brüder angedeutet, wie denn auch dieses Gesicht
Papst Innocenz bestimmte, jenen Orden zu bestätigen. Der h. Thomas in seiner Schrift „gegen
die Feinde des Ordensstandes" stellt die Ordenspriester gleichfalls dar als die Mitarbeiter der
Bischöfe und der Pfarrpriester, vor allen aber als
die Hülfe des gläubigen Volkes*); diesem und mit
ihm der streitenden Kirche stehen die regulären Geistlichen zu Dienste, wie es heißt im Gebete zu jenem
h. Ordensstifter des 16. Jahrhunderts: „O Gott,
der Du, um die größere Ehre Deines heiligen Namens zu verbreiten, durch den h. Ignatius die
streitende Kirche mit einer neuen Hülfe verstärkt
hast. . . ."

Dieselbe Auffassung finden wir bei Bonifaz VIII.,
wenn er erklärt, der Orden der Prämonstratenser
sei zur „Festigung der Kirche" eingesetzt; bei Alexander V., wenn er vom Eremitenorden des h. Augustin
rühmt, er sei im Weinberge des Herrn gepflanzt zum

---

*) Opusc. 19. contra impugnantes . . . cp. 4., wo er
unter andern auch zeigt „(munus praedicandi et absolvendi)
aliis committi, quam parochialibus sacerdotibus expedit saluti
animarum."

Preise Gottes, zur Verherrlichung der Kirche, zur
Ausrottung der Ketzereien und Spaltungen, zur Verbreitung der Religion und zur Rettung der gläubigen Seelen. — Die Kirche stellt die Welt- und
Ordensgeistlichen, ohne Ueber- und Unterordnung,
gleichmäßig als die „Mitarbeiter der Bischöfe" neben
einander. Am unzweideutigsten spricht sich hierüber
die allgemeine Kirchenversammlung vom Lateran
unter Innocenz III. aus, indem sie den Bischöfen
die Weisung gibt, „zu ihren Mitarbeitern taugliche
Männer sowohl aus dem Welt- als Ordensclerus zu weihen."*)

Daß die Thätigkeit der religiösen Orden dann
auch den Weltgeistlichen zur Aushülfe gereicht, ist
von selbst einleuchtend. Diesen werden die Ordensleute hiebei immer den Vorrang der Ehre lassen,
werden ihnen Unterwürfigkeit gerne beweisen, ihre
Pfarrrechte keineswegs antasten; der Thätigkeit des
Weltclerus auf der Kanzel und im Beichtstuhle
werden sie nur die ihrige hinzufügen, damit die
Dienste des Priesterthums den Christgläubigen in

---

*) „Unde praecipimus tam in cathedralibus, quam in
aliis conventualibus ecclesiis viros idoneos ordinari, quos
episcopi possint coadjutores et cooperatores habere, non
solum in praedicationis officio, verum etiam in audiendis
confessionibus et poenitentiis injungendis, ac caeteris, quae
ad salutem pertinent animarum." Cap. X. Harduini Acta
Conc. tom. 7. p. 27.

größerer Fülle, mit größerer Freiheit und wohlthuen-
der Abwechslung zur Benutzung geboten sind. Und
wenn sie den Priestern das Hirtenamt, welches selbst
für die Schultern der Engel furchtbar ist, erleichtern
und mit ihnen gemeinschaftlich die Kämpfe des Herrn
kämpfen wollen, entschlossen, im Vordertreffen zu
stehen und den heftigsten Anstoß der Feinde auszu-
halten, darf man ihnen dieses Privileg, wenn man
es so nennen will, nicht schon im Namen ihres zu
höherer Vollkommenheit bestimmten Standes einräumen?*)

---

*) Was die Einsichtsvollen zu jeder Zeit geübt haben, das
einträchtige Zusammenwirken, das hat Kurzsichtigkeit und Enghe-
zigkeit in allen Perioden, welche die beiden Ordnungen des Clerus
neben einander verkennen, mehr oder weniger gestört. Hieran werden wir erinnert, wenn wir in einer Schrift des h. Bonaventura
nachstehende treffende Gesichtspunkte zur Vertheidigung der religiösen
Orden finden: „Quamvis autem nonnulli de clero plus ode-
rint religiosos, quam Judaeos, Christi adversarios, tamen si
saperent, potius diligerent nos pluribus de causis, tam pro
temporali utilitate, quam etiam pro spirituali utilitate sua.
Una, quoniam per nostram doctrinam subditi eorum plenius
solvunt jura sua et obediunt eis, et reverentur eos amplius,
licet ipsi clerici hoc non credant. Dicimus enim illis dic-
tum Apostoli: „Obedite praelatis vestris" (Hebr. 13, 17).
Altera, quod beneficia ecclesiastica, quae nos teneremus, si
essemus cum eis in saeculo, venientes ad Religionem ipsis
relinquimus obtinenda; quae quantum diligunt se habere,
tantum deberent diligere illos, qui eis ea relinquunt, nisi
potius vellent nos mori, ut ea sic gaudentius possiderent.....
Quinta, quod sumus eorum coadjutores in sublevando onere
sibi imposito, ut sit eis hoc portabilius, et judicium duris-

Niemanden wird ein solches Verhältniß schwer fallen. Ist doch von allen Streitern des Herrn keiner, der seinen eigenen Vortheil, und nicht den Jesu Christi im Auge hätte; der lieber einen Sieg verloren gehen oder in Gefahr kommen ließe, als daß er ihn mit der Hülfe eines Andern erringen wollte; der, was von Andern zum Heile der Seelen geschieht, als zu seiner Unehre ausgeführt betrachtet. Ernstliche Beschwerden kann man sicher nur da er=

---

simum, quod fiet in his, qui praesunt, aliquo modo tole-rabilius sentiant in futuro, supplendo eorum vices, prae-dicando, consulendo, confessiones audiendo, ubi aliqui eorum minus sufficiunt pro multitudine ·populi, vel pro perplexi-tate casuum minus ab aliquo imperito instrui possunt, vel parochiani minus faciunt, quam deberent, ut quando eorum subditi timent eis confiteri ex causa aliqua speciali. Sexta, si quis inter eos timore periculi, in quo sunt, quaerit con-fugere ad statum tutiorem salutis, vel desiderio vitae me-lioris vult ea, quae in mundo sunt, relinquere et statum perfectionis evangelicae apprehendere, apud viros religiosos potest, quod desiderat, invenire, qui sint Ordinis sui fideles observatores ... Septima, quod si immineret aliquando Ec-clesiae necessitas, vel pugna contra haereticos vel alios oppressores fidelium, viri religiosi deberent se promptius exponere et quasi primi in acie se opponere inimicis . . . Octava, quod sunt apud Deum intercessores per orationis studium et vitae meritum et Dominum sibi et aliis placa-bilem facientes pro venia peccatorum, pro gratia meritorum, pro amotione quorumcunque malorum, pro gloria coelestium praemiorum facilius obtinenda. Quae nobis praestare dig-netur Jesus Christus. Amen." Libell. apolog. in eos, qui ordini fratrum Minor. adversantur. q. 22.

heben, wo Hochmuth und Neid waltet, nicht wo die Liebe, wo die Demuth, wo priesterlicher Sinn, kurz, wo der Geist des Erlösers herrscht.

Wer weiß nicht aus der Geschichte und aus dem heutigen Kirchenleben, daß gerade da, wo die guten Verwalter der h. h. Sakramente und die eben so fähigen als seeleneifrigen Verkünder des Wortes Gottes zahlreicher sind, auch die Religiösität und der Glaube des Volkes am meisten wächst, und daß durch die Vermehrung der Arbeiter die Arbeit der Einzelnen gemeiniglich nicht abnimmt, sondern im Gegentheil sich steigert?

Der Ordensclerus hat also seine selbstständige Berechtigung mit und neben dem Weltclerus. Lassen wir darum die Kräfte beider friedlich zusammenwirken.

Was wir bisher aus dem Geiste der Kirche, sowie den klaren Aussprüchen ihrer Päpste und Concilien beigebracht haben, bestätigt ein flüchtiger Blick auf die Geschichte. Wer hat z. B. in Deutschland das Christenthum fest begründet? Waren es nicht die Mönche, die religiösen Orden? Es ist längst anerkannt, daß diese als die eigentlichen Pädagogen unserer Vorfahren zu betrachten sind.

Wo ist überhaupt ein christliches Land, in dem nicht vorzugsweise die Ordensleute das Christenthum für die Dauer begründet hätten? Sobald dies im

römischen Reiche zu öffentlicher Anerkennung gelangt
war, da machte sich die Kirche mit den tüchtigsten
Kräften ihrer Weltgeistlichkeit ans Werk, die hin=
sterbende Gesellschaft neu zu beleben. Aber damit
der Kirche das möglich wurde, „bedurfte es in der
Gesellschaft eines neuen Elementes, sagt Montalem=
bert, und in der Kirche einer neuen Kraft. Es
bedurfte einer doppelten Einwanderung; der der
Barbaren vom Norden her und der der Mönche
vom Süden her."*) Die Barbaren kamen, und
die Mönche, diese geistlichen Heerschaaren der Vor=
sehung, blieben nicht aus. „Jetzt trat das Evan=
gelium ins Leben, sagt Ozanam, eine neue So=
cietät wurde durch das Wort geschaffen."

Das Wort ging aus durch die Missionäre; aber
waren diese Missionäre nicht der unvergleichlichen
Mehrzahl nach Mönche und Ordensmänner? —
Wir wollen nichts sagen von den Mönchen, die sich
um den h. Martin von Tours scharten und sein
Missionswerk erweiterten und befestigten; nichts von
dem Kloster Lerin, einer Wiege der christlichen Civi=
lisation in Gallien. Im J. 529 gründete der
h. Benedikt seinen berühmten Orden**) mit dem Geiste

---

*) Die Mönche des Abendlandes. Bd. 1.
**) Nach Joh. v. Müller sind aus ihm allein 28 Päpste,
200 Cardinäle, 1600 Erzbischöfe, 4000 Bischöfe hervorgegangen.
Fügen wir die große Zahl der Heiligen noch hinzu: von welcher
Bedeutung mußte ein solcher Orden dann für die Kirche sein?

der Arbeit, welche die Erde unterjocht; des Gebetes,
das den Himmel überwindet; der Liebe, welche
die festesten Männerherzen erobert. Dieser Orden
sandte seine Apostel aus. Sieh, jetzt fand sich für
Irland ein heiliger Patrizius, für Schottland ein
h. Columba, ein h. Augustin mit Schaaren von Ordensbrüdern für die angelsächsische Heptarchie. Und aus
den Klöstern von Irland, Schottland und England kamen sie dann herüber zu den germanischen Volksstäm-
men: wer kennt nicht die Heiligen Columban, Gallus,
Kilian, Pirmin, Willibrord, Suitbert? Wer feiert
nicht unsern größten Apostel in dem h. Bonifaz,
dessen Thätigkeit sich von den Alpen bis nach Fries-
land, von der Elbe bis über den Rhein erstreckte?
Die Bischöfe machten mit Scharen von Ordens-
männern auf allen Seiten für das Christenthum ihre
Eroberungen. Aus den großen Klöstern waren jene
Männer hervorgegangen, aus St. Gallen und
Rheinau im Süden, aus Fulda und Fritzlar für die
Mitte Deutschlands, aus Corvei an der Weser für
den skandinavischen Norden: in Aller Andenken lebt
da noch der h. Ansgar mit seinen Ordensbrüdern.

In demselben Sinne wirkten auch weibliche
Klöster. „Mit Begeisterung für die Ausbreitung
des Christenthums verließen zahlreiche Jungfrauen
und Witwen die Klöster Englands und gründeten
theils in Thüringen, theils in Baiern Abteien, die

zur Veredlung der deutschen Sitte und zur Begründung der deutschen Civilisation wesentlich beigetragen haben. Unter den angelsächsischen Klosterfrauen,
welche nach Deutschland hinübersiedelten, sind als
ausgezeichnet zu erwähnen Chunihilt, Muhme des
Lullus, und ihre Tochter Berathgit, beide in den
schönen Künsten und in den Wissenschaften sehr un-
terrichtet, Chunidrut und Thecla, Lioba und Waltpurgis, welche Letztere die Schwester Willibald's und
Wunibald's war. Chunihilt und Berathgit wirkten
in Thüringen als Lehrerinnen; Chunidrut wurde
nach Baiern geschickt, um dort für die Befestigung des
Christenthums zu wirken; Thecla aber stand gleich-
zeitig den beiden Klöstern Kitzingen und Ochsenfurt
als Aebtissin vor. Lioba, Aebtissin von Bischofsheim,
war ausgezeichnet durch strenge, dabei aber stets
freundliche Frömmigkeit, wie durch große Gelehrsamkeit; sie erwarb sich die Liebe ihrer Untergebenen
und die Achtung aller derjenigen, die mit ihr in
Berührung kamen, und trug wesentlich zur Ausbreitung des Christenthums bei. Selbst Pipin und seine
Söhne Karl und Karlmann suchten ihren Umgang
wegen ihrer Frömmigkeit und ihrer ausgezeichneten
Bildung; namentlich hielten Karl der Große und
dessen Gemahlin Hildegardis sie sehr in Ehren. Nicht
minder bedeutend war die Wirksamkeit der heiligen
Waltpurgis, welche dem Kloster zu Heidenheim, in

der Nähe von Eichstädt, als Aebtiffin vorstand. Auch die fränkische Fürstentochter Abela, Aebtiffin von Pfalzel, trug durch ihre Wirksamkeit wie durch wichtige Stiftungen, die sie in Thüringen machte, sehr wesentlich zur Begründung des Christenthums in Deutschland bei."*)

Neben den Benediktinern wirkten die Augustiner; in die Reihen beider traten dann andere Orden, besonders die Cistercienser, Prämonstratenser, und im 13. Jahrhunderte die Dominikaner und Franziskaner, zwei Orden, die fortan eine weltumfassende Thätigkeit entwickelten. Der h. Hyacinth, den Dominikus zu Rom selbst in seinen Orden aufgenommen hatte, unternahm von Polen aus bis nach dem Himalaya ein Missionswerk, das an Ausdehnung und wunderbaren Erfolgen vielleicht nur mit dem des h. Franz Xaver zu vergleichen ist. „Du, mein geliebter Bruder" — so redet er zu Krakau seinen Bruder Ceslaus an — „du bist mir stets lieber, als das Leben selbst; da aber dieses mir nicht in der Weise gehört, daß ich es für unsern Herrn Jesus nicht einsetzen müßte, so kann ich mich durch die geistigen Freuden, die ich aus dem Anblicke deiner Tugenden schöpfe, nicht so sehr einnehmen lassen, daß ich die Sorge für die Ausbreitung unseres Ordens, welche uns beiden obliegt, hintansetzen wollte.

---

*) Hahn, Geschichte der kath. Missionen. Bd. I. S. 342.

Gehe du also in den westlichen Theil, ich übernehme
den nördlichen und östlichen. Du wirst für das Heil
der Böhmen, Mähren, Schlesier und Sachsen, ich
für das der Preußen, Litthauer, Ruthenen, Russen
und der noch weiter entfernten Tataren, Dacier und
Anderer sorgen."*)

War von diesen Missionären ein großer Theil
eines Volksstammes bekehrt, so riefen sie Ordensmänner und Ordensfrauen aus ferner Heimath, um
von den neugebaueten Klöstern aus das Werk der
Bekehrung fortzusetzen. Damit legten sie zugleich
die Fundamente der Civilisation. Wohl waren die
ersten Klosterbewohner Fremde; dennoch wurden die
Klöster bald einheimisch auf deutschem Boden, weil
sie durch Aufnahme von Söhnen und Töchtern des
Landes sich mit dem Volke verflochten und die Wohl-
that der Bildung und Cultur verbreiteten. In letzterer Beziehung hat die Geschichte den guten Namen
der Mönche längst rehabilitirt. Wir wollen nur
bemerken, daß diese Mönche, deren Blick in eine
andere Welt hinüberschaute, auch hiebei stets den
Missionszweck, die Verbreitung des Reiches Christi
im Auge hatten. Wenn sie die Werke der Kirchen-
väter und hocherleuchteter Schriftsteller in zierlichen
Handschriften vervielfältigten, so loderte die Flamme
des Seeleneifers in ihrem Herzen, sowie sie in der

---

*) Hahn, l. c. S. 418.

Ferne den Muth des Missionärs erhöhte. „Durch das Geschäft des Bücherschreibens, ruft ein Abt dieser alten Zeit aus, wird in der Einsamkeit der Geist gebildet; es ist das Mittel, die Lehren des Herrn in weite Entfernungen zu verbreiten. Glückliche Uebung, glückliche Beschäftigung, die das Geheimniß lehrt, mit der Hand zu predigen, mit den Fingern zu sprechen, den Menschen, unter Beobachtung des Schweigens, das Heil zu verkünden, und mit Feder und Dinte die trugvollen Ränke des Bösen zu bekämpfen; denn mit jedem Worte des Herrn, welches der Schreiber niederschreibt, versetzt er dem Satan einen Stich. Ohne seine Arbeitsstätte zu verlassen durchläuft er durch Verbreitung seiner Werke die Länder. Seine Schriften werden an heiligen Oertern gelesen; die Völker vernehmen ihren Inhalt und finden darin Heilmittel gegen ihre ungeordneten Leidenschaften, Kräfte, um Gott mit reinem Herzen zu dienen. So wirkt er an Stätten, von denen er ferne lebt."*)

Die Mönche öffneten die Klosterschulen. Jetzt erst erwachten die schlummernden Geisteskräfte in den Söhnen der Barbaren zu voller, lebensfrischer Entfaltung, und der Kirche war ein kräftiger Nachwuchs für den heimischen Clerus gesichert. — Für ihr Geschlecht wirkten die Frauenklöster; da verkosteten die

---

*) Histor. polit. Blätter. 11. Bd. S. 609.

Landestöchter alle Lieblichkeit der Ordnung, der Zucht und feinen Sitte; da lernten sie die Tugenden des Christenthums.*)

So im Mittelalter.

Und wenn wir nun alles übergehen, was seit dem 16. Jahrhundert die alten Orden für die Ausbreitung des Christenthums gethan, und alles, was die neuhinzugekommenen, wie der Jesuitenorden, die Kapuziner, die Lazaristen und andere Großes geleistet haben, was geschieht denn heute? Ist es nicht, als ob die Missionäre so vieler religiöser Orden Europas den Staub von den Füßen schüttelten, um aus den übrigen Welttheilen dankbarere Völker in die Kirche einzuführen? Unter allen Breitegraden der Erdkugel finden wir ja die Ordensmänner und Ordensfrauen; in Australien und auf den Inseln Oceaniens die Passionisten, Benediktiner,**) Jesuiten, die Priester der Picpus-Gesellschaft und vom h. Herzen Mariä, und seit 1840 die barmherzigen Schwestern.

Gehen wir nach Asien, so treffen wir fast überall die Jesuiten, und mit ihnen die Franziskaner, Kapuziner, die Oratorianer, Theatiner, Dominikaner,

---

*) Ueber die Bedeutung und den Segen der Klöster verdient gelesen zu werden: Hahn-Hahn „Die Liebhaber des Kreuzes" Bd. 1. S. 53—111.

**) Ueber die Thätigkeit dieses erlauchten Ordens in Australien sehe man z. B. das neueste Werk von Marshall, „Die christl. Missionen". Bd. 2. S. 105 ff.

Lazaristen, die piemontesischen Oblaten Mariä und mehrere andere, auch weibliche Orden; diese an Indiens Küsten und Bergabhängen, jene am blauen und gelben Flusse Chinas; die einen unter den Kokospalmen von Ceylon, die andern am Libanon; hier folgen sie den Wellen des Tigris und Euphrat, dort mischen sie sich unter die Karavanen handeltreibender Perser, Türken und Bucharen.

Und ebenso im fluchbeladensten Lande dieser Erde sucht der Ordensmann die Seelen seines Erlösers: in Aegypten, dem Stammlande der Pest, an der Küste von Senegambien, hier im Gebirge des Atlas, dort im abyssinischen Hochlande; wieder findet man Dominikaner und Franziskaner, Carmeliten und Kapuziner, Lazaristen und Jesuiten, Passionisten und Schulbrüder, die barmherzigen Schwestern, die Klosterfrauen vom guten Hirten, vom h. Herzen Mariä u. s. w. Auf dem Dromedar reitet der Missionär durch die Wüste, ebenso unerschrocken beim Brüllen des Löwen, wie gefaßt auf den Ueberfall raubsüchtiger Beduinen.

Wären in Amerika die ungeheuren Fortschritte des Katholizismus denkbar ohne die religiösen Orden? — Vom tiefsten Süden bis hinauf zu den Eskimos segnet man die Spur ihres Fußes; am Marañon, am Missisippi, entlang der Cordilleren, von Newyork durch die Prairien bis ins Goldland Cali-

fornien und im westindischen Archipel wirken Kapuziner, Jesuiten, Dominikaner, Redemptoristen, Franziskaner, Lazaristen, Benediktiner mit den entsprechenden weiblichen Orden, dann die Ursulinerinnen,
die Schwestern unserer lieben Frau von Bordeaux,
vom guten Hirten, vom Kindlein Jesu, die Damen
vom heiligsten Herzen Jesu und viele andere Congregationen.

Wenn wir dieses rühmend erwähnen, sind wir
natürlich weit davon entfernt, die Verdienste so vieler
apostolischen Missionäre aus dem Weltclerus zu
übersehen und etwa zu vergessen, wie viele Arbeiter
jährlich die Propaganda zu Rom, die Priestergesell-
schaft für die auswärtigen Missionen zu Paris, sowie andere Missionshäuser entsenden. Unser Zweck
ist nur, der besondern Aufgabe gemäß, welche wir
uns hier gestellt haben, den religiösen Orden ihre
Stellung und Wirksamkeit in der Kirche, die ihnen
die größten Eroberungen in ihrer Ausbreitung ver-
dankt, gegen Beeinträchtigung sicher zu stellen.

Nicht blos zufällige Erscheinungen, nicht para-
sitische Gewächse, nicht bloße Lückenbüßer sind also
die religiösen Orden; ihre hierarchische Ordnung mit
der so wundervollen Mannigfaltigkeit steht würdig
neben der hierarchischen Ordnung des Weltclerus,
nicht so unerläßlich wie diese, aber doch höchst bedeutsame Glieder am Organismus der katholischen Kirche.

III.

Staatsrechtliche Stellung der geistlichen Orden.

Wir haben gesehen, welch bedeutsame Glieder die religiösen Orden im Organismus der katholischen Kirche sind; mit der freien Entwicklung dieser letztern müssen sie folgerichtig ins Leben treten. In dem Maße also, als in einem Staate die Freiheit der katholischen Religion und Religionsübung gewähr= leistet ist, ist konsequent auch die Freiheit der Orden gewährleistet; wo dagegen das Ordensleben systema= tisch durch die Maßregelungen der Bureaukratie er= drückt und beeinträchtigt wird, da darf von Reli= gions= und Gewissensfreiheit keine Rede sein; da schmachtet die Kirche immer noch in Fesseln.

Wie steht es nun mit dieser staatsrechtlichen Ge= währleistung der religiösen Orden?

Noch unlängst hat man die anerkannte Parität im preußischen Staate mißkennend, und vom Geiste nicht blos einer confessionell intoleranten, sondern auch einer politisch revolutionären Zeit geleitet, bei= spielsweise für die preußischen Rheinlande gegen die geistlichen Orden und Klöster alte Gesetze ausge= graben und auf ihnen seinen Standpunkt genommen. Das können wir nicht. Wir stellen uns auf den Standpunkt einer modernen Rechtsentwicklung, wie sie in Deutschland, dem germanischen Geiste ent=

4

sprechend, staatsrechtsgeschichtlich vorliegt. Wir be=
haupten: das deutsche Recht ist in Rücksicht auf die
Kirche zu einer immer klareren und bestimmtern An=
erkennung der Parität fortgeschritten, so daß ge=
genwärtig z. B. im preußischen Staate die Entfal=
tung der katholischen Kirche neben dem protestanti=
schen Bekenntnisse nach Maßgabe ihres dogmatischen
Inhalts in Lehre, Cultus und Disciplin, also auch
das Ordensleben, verfassungsmäßig gewährleistet
ist. Die gegnerische Ansicht bezeichnet einen unge=
heuern Rückschritt; sie verstößt durch ihre unconfessio=
nelle Feindseligkeit nicht nur gegen das Princip der
gegenseitigen Duldung, sondern auch, und ganz fla=
grant, gegen den germanischen Rechtssinn und gegen
die Geschichte der staatlichen Entwicklung Deutschlands.

In welcher Richtung haben sich denn in Deutsch=
land die Rechtsverhältnisse zwischen Kirche und Staat
ausgebildet?

Zwei innig zusammenhängende Thatsachen müssen
wir hier constatiren.

Die erste Thatsache ist, daß sich das Princip der
Religions= und Gewissensfreiheit immer mehr verall=
gemeinert und ausgedehnt hat; die zweite, daß der
Geist der neuern Zeit Kirche und Staat von ein=
ander scheidet und beide sich gegenseitig auf ihrem
Boden selbstständig entwickeln lassen.

Wir brauchen, um die Wahrheit beider That=

sachen zu erkennen, nur einen kurzen Rückblick auf die Vergangenheit zu werfen.

Bis zum 16. Jahrhunderte war die römisch-katholische Kirche die allein berechtigte, und dieser allein berechtigten Kirche ausschließlichen Rechtsschutz zu verleihen, hielten Kaiser und Reich für ihre erste und heiligste Pflicht. Da brachen die Stürme der Reformation herein und ihre Richtung ging auf nichts weniger, als auf ausschließliche Aechtung der römisch-katholischen Kirche.

Diese Aechtung stellte sich bald heraus als eine Unmöglichkeit. Zwischen diesem Extreme und der frühern ausschließlichen Berechtigung der katholischen Kirche gestaltete sich nun im Reiche ein Coexistenzverhältniß zu der augsburgischen Confession, welche durch die Reichsgesetze im Religionsfrieden 1555 als gleichberechtigt anerkannt wurde.

Der westphälische Friede 1648 bauete auf dieser Grundlage fort.*) Durch ihn wurde das Verhältniß der beiden Confessionen genau und künstlich geordnet, jedoch freilich, soweit es die Religionsübung innerhalb eines Territoriums betraf, nicht nach dem Grundsatze gleicher Freiheit und Duldung, sondern nur nach bestimmten Voraussetzungen und Beschränkungen, die in der Folge noch zu mancherlei Reibungen und

*) Siehe J. P. O. V §§ 30 ff.

4*

Religionsbeschwerden Veranlassung gaben. „Indessen, sagt Walter, ging der Geist der Toleranz doch immer mehr in die öffentliche Meinung und in die Politik der Gesetzgebung über."*)

Der Reichsdeputationshauptschluß von 1803 be= stimmt im §. 63:

„Die bisherige Religionsübung eines jeden Lan= des soll gegen Aufhebung und Kränkung aller Art geschützt sein; insbesondere jeder Religion der Besitz und ungestörte Genuß ihres eigenthümlichen Kirchen= guts, auch Schulfonds, nach der Vorschrift des west= phälischen Friedens ungestört verbleiben; dem Landes= herrn steht jedoch frei, andere Religionsverwandte zu dulden und ihnen den vollen Genuß bürgerlicher Rechte zu gestatten." — In diesem letzten Zusatze sehen wir eine neue Entwicklung.

Weiterhin ist der Rheinbund geradezu nach dem Grundsatze nach der Gleichberechtigung errichtet wor= den. — In gleichem Sinne lauten die Accessions= und Receptionsverträge, die einerseits mit den Bestimmun= gen des westphälischen Friedens und des Reichsdeputa= tionshauptschlusses im engsten Zusammenhange stehen, andrerseits aber die Zusicherung einer großen Er= weiterung derselben enthalten. „Diese bestand in nichts Wenigerem, als in der völligen rechtlichen

---

*) Lehrbuch des Kirchenrechts. 10. Aufl. §. 51.

Gleichstellung der katholischen mit der lutherischen
Religionsübung und der völligen Gleichstellung der
Unterthanen beider Confessionen hinsichtlich der bür-
gerlichen und politischen Rechte."*)

In der deutschen Bundesacte wächst der Keim
der Befreiung vom Reformationsdrucke**) als deut-
liches Produkt dieser ganzen modernen Rechtsgestal-
tung hervor.

Auch die zweite oben bezeichnete Thatsache fängt
mit dem 19. Jahrhunderte an, sich geltend zu machen.
Das alte Verhältniß, nach welchem der Staat und
die Kirche rechtlich so ineinander verschlungen waren,
daß man kein bürgerliches und politisches Recht genießen konnte, ohne der Einen Staatsreligion anzu-
gehören, wurde nach und nach so gelockert, daß,
gerade durch die Aufnahme anderer Religionen zur
Berechtigung, eben dies Aufgeben der Einheit das
Element wurde, welches sich zwischen Staat und
Kirche zerklüftend hineinschob. Die Gleichberechtigung
der verschiedenen Confessionen war eine fortschreitende;
in demselben Maße war das Sichgegenseitig-
gehenlassen ein wachsendes.

Die Staatsgesetze haben sich in ihrer Theorie

---

*) Vgl. Gleichberechtigung der augsburgischen Confession mit
der katholischen Religion in Deutschland. Von Dr. v. Linde.
Mainz, 1853. S. 50.

**) Ueber diesen Druck s. Döllinger, „Kirche und Kirchen"
S. 52 ff.

schon in der Bundesacte so weit von der Religions-
rücksicht frei gemacht, daß in ihrer Auffassung der
Art. 16. das Recht der freien Religionsübung nicht
mehr eigens ausdrücken soll, sondern dieselbe, blos
von dem Genusse der bürgerlichen und politischen
Rechte redend, in der allgemeinsten Form gewährt.

Das war die Richtung der Theorie; die Praxis
freilich, sie vermochte, in dem Zauber der Staats-
omnipotenz befangen und gelähmt, nicht einmal
nothdürftig nachzuhinken. Selbst die Erfahrungen
an der Wetterscheide des 18. und des 19. Jahrhunderts wurden verachtet. Aber dieser Omnipotenz-
dünkel hat nicht wenig dazu beigetragen, die Krisis
von 1848 zu fördern, und wenn wir auch keineswegs
diese Bewegung in Schutz nehmen, es bethätigte sich
doch in ihr vielfach ein gesunder Rechtssinn gegen
das drückende Joch bureaukratisch-revolutionärer Bevormundung. In sofern hat sich die Vorsehung ihrer
bedient, der katholischen Kirche Luft zu machen; man
konnte im Frankfurter Parlamente echt conservative
Aussprüche hören, wie, daß ohne die Freiheit und
Selbstständigkeit der Kirche an keine Einheit der deutschen Völker zu denken sei. Jeder Privatmann, jede
Corporation ordne und verwalte ihre Angelegenheiten selbstständig, — und die christliche Kirche allein
solle dies Recht nicht haben, weil sie die älteste, tief-

greifendſte aller Corporationen, die Mutter aller
europäiſchen Staaten ſei? „Man müſſe alſo den
letzten, entſcheidenden Schritt thun, ſagte Laſſaur,
den großherzigen Entſchluß faſſen, mit einem Schlage
des Willens alle jene kleinen Bedenklichkeiten nieder-
zuſchlagen und ein volles, herzhaftes Vertrauen in
das große Princip der Freiheit ſetzen. Man müſſe
dem Volke dieſe Freiheit, wonach es ſo lange ge-
durſtet habe, nicht aus Fingerhüten, ſondern ex pleno
zu trinken geben; denn ohne die Freiheit der Kirche ſei
die Einheit Deutſchlands nicht möglich.“ Man for-
derte ſtürmiſch eine Sonderung des kirchlichen und
des ſtaatlichen Gebietes, Selbſtſtändigkeit der Kirche
auf ihrem, Selbſtſtändigkeit des Staates auf ſeinem
Boden. Dieſer ſolle das bisherige Präventivſyſtem
verlaſſen und ſich auf die Repreſſive beſchränken.
Durch die allſeitig anerkannte Gleichberechtigung
aller Religionen ſei ſchon von Rechtswegen das bisherige Verhältniß zwiſchen Staat und Kirche gelöſt
und es bleibe nur übrig, „daß man die Religionsgeſellſchaften, beſtehende wie neue, vom Staate unabhängig erkläre und ihnen überlaſſe, wie anderen
Vereinen, ihre eigenen Angelegenheiten zu ordnen.“
„Was jedem Vereine geſichert iſt, ſeine eigene Geſetz-
gebung, ſeine eigene Leitung und Disciplin, das iſt
es, was auch die Religionsgeſellſchaften fordern und
was man ihnen nicht ohne die offenbarſte Ungerech-

tigkeit vorenthalten kann. Nicht mehr und nicht minder!" (v. Radowitz).*)

Eine Folge dieser gegenseitigen Ablösung von Kirche und Staat zeigt sich am klarsten gerade in der staatlichen Gesetzgebung gegenüber religiösen Genossenschaften und geistlichen Orden. Früher, bei der engern Vereinigung beider, hat der Staat die religiösen Orden als rechtsfähige Corporationen betrachtet und sie nach dieser Anschauungsweise, welche bis zur Zeit der französischen Revolution die ausschließliche geblieben, entweder anerkannt als solche, und sie mit ihrer corporativen Verfassung, ihrer Organisation und ihren Satzungen in staatlichen Rechtsschutz genommen; oder er hat sie nicht anerkannt, und dann schien eine andere Weise der Existenz ihnen nicht übrig.

In der neuen Zeit, bei der hervortretenden Scheidung von Kirche und Staat, hat jene begonnen, dermaßen unabhängig von letzterem ihren Organismus zu entwickeln, daß die Orden in den meisten Ländern gar nicht als rechtsfähige Corporationen berücksichtigt, ja wohl als solche reprobirt wurden. In Folge dessen haben die Genossenschaften, welche doch einmal von der unsterblichen Lebenskraft der Kirche als ihre Blüthen hervorgetrieben wurden, nur nach ihren Mit-

*) S Archiv f. kath. Kirchenrecht. 1864. 1. Hft. S. 65.

gliedern ein individuelles Rechtsverhältniß zum Staate.
Die einzelnen Glieder allein, als Unterthanen des
Staates, haben Rechte und Pflichten gegen diesen
Staat; Genossenschaften aber bilden sie nur als solche
Vereine, „deren gesellschaftliches Band lediglich im
Willen und im Gewissen der einzelnen Mitglieder
seinen Grund und Halt hat, während der Staat
dasselbe gänzlich ignorirt, die daher dem Staate
gegenüber gar nicht als Genossenschaften in Betracht
kommen, bei denen folglich auch jedes Mitglied ohne
allen äußern Zwang sich den geistlichen Gesetzen der
Gesellschaft nur so lange unterwirft, als es selbst
will."*) Die religiösen Orden sind als solche ausschließlich dem Gebiete der Religion und der Kirche
zugewiesen.

Das ist, wie Jedermann sieht, eine neue Ordnung der Dinge.**)

*) S. die Schrift des Hochw. Bischofs v. Ketteler: „Die
Jesuiten in Mainz." S. 9.

**) In Frankreich versuchte man diese neue Ordnung bereits
im J. 1790 anzubahnen. Wir führen hier die Worte Berryer's
an in der Rede vor der Kammer 1845:

„Treilhard war es, der als Berichterstatter des Comité's über
die Kirchensache der Nationalversammlung den Gesetzentwurf vor-
legte, welcher später das Gesetz vom 19. Febr. 1790 wurde. . .
Zwischen der weltlichen Gewalt und den übernom-
menen religiösen Verpflichtungen sollte nämlich von
nun an eine Trennung eintreten, aber die freie Ueber-
nahme solcher religiösen Verpflichtungen sollte nicht

Auf diesem Standpunkte der fortgeschrittenen Rechtsentwicklung steht denn auch — speciell in Preußen — die Verfassungsurkunde vom 31. Januar 1850. Das Princip der vollständigen Parität ist ihr Grundprincip, und danach garantirt sie den Anhängern der katholischen Kirche, wie denen der evangelischen Religionsgesellschaft, vollständige Religions= und Gewissensfreiheit, nebst allen bürgerlichen und politischen Rechten, wozu das freie Vereinsrecht gehört. Es ist wahr, die öffentliche, gesetzliche, vom Staate anerkannte Existenz können

untersagt, sollte nicht verboten, sollte nicht geahndet werden.

In diesem Sinne sagt Treilhard in seinem Berichte: Wir hören nun auf, jene Bande zu schützen, welche mehrere Individuen drücken (— man vernimmt auch hier immerhin das Wehen der Revolutionszeit —), allein sollen wir darum die Kette von Allen brechen? Sollen wir, wenn wir dem seines Standes müden Mönche zu Hülfe kommen, darum jene nicht schützen, welche im klösterlichen Verbande fortzuleben gedenken? Ihr Comité, meine Herren, ist der Ansicht, daß Sie ein Beispiel großer Weisheit und Gerechtigkeit geben würden, wenn Sie zwar einerseits die weltliche Gewalt zur Aufrechthaltung der Klostergelübde nicht mehr aufbieten, aber andrerseits das Asyl des Klosters für jene Religiosen erhalten wollten, welche gesonnen sind, in ihrer Regel zu leben und zu sterben. In diesem Sinne schlagen wir Ihnen vor, allen Ordensleuten die vollkommene Freiheit zu lassen, ob sie aus dem Kloster austreten, oder sich in demselben begraben wollen. Ebenso werden Sie, meine Herren — hören Sie auf diese Worte — diesen Häusern das Recht und die Mittel nicht versagen, sich zu regeneriren und zu ergänzen." — S. diese Rede Berryer's mitgetheilt in der oben citirten Schrift: „Die Jesuiten in Mainz".

geistliche Orden und Klöster nicht beanspruchen; in
diesem Sinne ignorirt die Verfassung alle religiösen
Genossenschaften. Allein das Recht, frei in einer Or-
densgenossenschaft zu leben und in einem solchen
Vereine, einzig nach dem Drange des Gewissens, dieselbe Regel zu befolgen und an dem Nächsten geistliche und leibliche Werke der Barmherzigkeit zu üben,
— dieses Recht ist, mit Entkräftung aller Gesetze,
die früher dagegen auch bestanden hätten, auf's ent-
schiedenste gewährleistet.

Wir könnten erinnern an den Art. 12: „Die
Freiheit des religiösen Bekenntnisses, der Vereinigung
zu Religionsgesellschaften und der gemeinsamen häuslichen und öffentlichen Religionsübung wird gewährleistet. Der Genuß der bürgerlichen und staatsbür-
gerlichen Rechte ist unabhängig von dem religiösen
Bekenntnisse. Den bürgerlichen und staatsbürger-
lichen Pflichten darf durch die Ausübung der Religionsfreiheit kein Abbruch geschehen.“

Damit hatten die Gesetzgeber die Absicht, über
das Maß früherer Berechtigung hinauszugehen und
die vollste, mit dem Staate verträgliche Freiheit der
Religionsübung — und darin ist die von uns be-
anspruchte Freiheit des Ordenslebens nothwendig
eingeschlossen — Jedermann zu gewähren. Würde
dies nicht aus dem Wortlaut allein schon erhellen,
so geht es aus den hierauf bezüglichen Kammerver-

handlungen klar hervor, wovon sich jeder durch die stenographischen Berichte überzeugen kann. Das ist gleichfalls ausgesprochen in den „Erläuterungen" des Ministers v. Ladenberg, der als Motiv dieses Art. 12 ausdrücklich das überall kundgegebene Verlangen bezeichnet, „daß auf dem religiösen Gebiete dem Zuge der Herzen Raum zu freier Entfaltung gegeben werden möge" — und er findet, dieser Forderung entsprechend, in der Verfassungsurkunde die Freiheit des religiösen Bekenntnisses, der „religiösen Association", der „religiösen Genossenschaften" garantirt.*)

Die Verfassung redet nicht ausdrücklich von Ordensgesellschaften und Klöstern, weil diese nicht als Rechtspersonen in den Rechtsschutz des Staates aufgenommen werden sollen. Aber daß sie kraft der im Art. 12 gewährten Religionsfreiheit als Privatvereine ohne Corporationsrechte existiren können, ist evident aus dem folgenden Art. 13:

„Die Religionsgesellschaften, sowie die geistlichen Gesellschaften, welche keine Corporationsrechte haben, können diese Rechte nur durch besondere Gesetze erlangen."

„Geistliche Gesellschaften" sind nach der Terminologie des preußischen Landrechts gerade die geist-

---

*) Verg. amtliche Erläuterungen des Minist. v. Ladenberg. Berlin 1848. Geh. Ober=Hofbuchdruckerei. — v. Rönne, das Staatsrecht der preuß. Monarchie. Leipzig 1856.

lichen Orden und Klöster. Wenn nun im Art. 13.
die Existenz von geistlichen Gesellschaften, „welche
keine Corporationsrechte haben", ausdrücklich suppo-
nirt wird, ist es dann nicht offenbar, daß man in
Folge der im Art. 12. garantirten Religionsfreiheit
den Bestand von geistlichen Orden und Klöstern
vorausfetzt, wie sie heutzutage — mit wenigen Aus=
nahmen — wirklich existiren?

Nur das beanspruchen ja die Mitglieder männ-
licher und weiblicher Ordensgesellschaften. Vor dem
Staate wollen sie nichts anders sein, als Privat=
leute, die frei in einem Hause nach eigener Wahl
zusammenleben, unter einer Ordensregel, die zu
wählen sie, bei der Freiheit des religiösen Bekennt=
nisses, das Recht hatten, allein nur als Individuen,
die eben deshalb auf kein besonderes Recht, auf kei=
nen öffentlichen Charakter, auf kein Privilegium An=
spruch machen: — sie fordern nur das f r e i e Ver=
einsrecht.

Dieses Recht garantirt der Art. 30:

„Alle Preußen haben das Recht, sich zu solchen
Zwecken, welche den Strafgesetzen nicht zuwiderlaufen, zu vereinigen."

Ein „verunglückter Versuch" ist es gewesen, den
Klöstern und geistlichen Orden, wie sie heute existiren, dieses Recht — und damit die Berechtigung
ihrer Existenz — der Verfassungsurkunde gegenüber

zu bestreiten. Beschränkt ist das freie Vereinsrecht nur durch Strafgesetze, wie z. B. das Gesetz vom 11. März 1850.

Als deshalb die Hochwürdigsten Bischöfe von Münster und Paderborn unter dem 6. (13.) December 1850 sich an das Ministerium der geistlichen Angelegenheiten wandten und ihre Ansichten betreffend die Ausführung der Verfassungsurkunde vorlegten, ließ der Minister ihnen durch den Oberpräsidenten v. Düesberg auf den hier einschlägigen Punkt erwiedern:

„Religiöse Vereine, Orden und Klöster unterliegen den gesetzlichen Bestimmungen über das Vereinswesen, die corporative Existenz derselben bleibt von der ausdrücklichen Ertheilung von Corporationsrechten an dieselben abhängig."*)

Kommen wir jetzt zu Art. 15:

„Die evangelische und die römisch=katholische Kirche, sowie jede andere Religionsgesellschaft, ordnet und verwaltet ihre Angelegenheiten selbstständig und bleibt im Besitze und Genusse der für ihre Cultus=, Unterrichts= und Wohlthätigkeitszwecke bestimmten Anstalten, Stiftungen und Fonds."

Mit dieser Bestimmung wollte man eben nichts

---

*) Rescript vom 8. Mai 1852. Mitgetheilt in den „Beiträgen zum preußischen und deutschen Kirchenrechte." Paderb. 1856. 2. Heft. S. 7.

anderes, als die Kirche befreien von jenen frühern
Einmischungen des Staates in alle kirchlichen Angelegenheiten, welche die Kirche allein gehörig ermessen
kann und die sie allein zu verantworten hat. Die
katholische Kirche ist mit diesen klaren Worten der Verfassungsurkunde „als selbstständige, moralische Person
oder Anstalt von dem Staate anerkannt, und zwar
nicht etwa die einzelnen Gemeinden, sondern die
Kirche als Religionsgesellschaft, d. h. als
Organismus, in welchem die einzelnen Kir-
chengemeinden nur untergeordnete Rechts-
subjecte sind."*) Hier ist die Kirche gemeint, wie
die Katholiken sie nach ihrem Glauben verstehen
müssen, die da eine göttliche Institution ist zum
Heile der Gläubigen; die ihrer dogmatischen Organisation nach allerdings im Papste zu Rom und in
den mit ihm verbundenen h. Concilien sich concentrirt, aber in allen Ländern ihre Angelegenheiten
hat, ohne deren freie und selbstständige Verwaltung
sie ihre göttliche Sendung nimmer vollständig erfüllen kann. Dahin gehört ganz besonders die unge-
hinderte Jurisdiction der Bischöfe, und eine Angelegenheit der Kirche verwalten diese, wenn sie nach
kirchlichen Normen das religiöse Leben leiten und
namentlich auch die zu dessen Pflege dienenden In-

---

*) Archiv für kath. Kirchenrecht. 1863. 5. Heft. S. 291.

ſtitute und Genoſſenſchaften errichten und beſitzen",*) wenn ſie Ordensprieſtern, die nicht eben zum Diöce-ſanclerus gehören, dennoch erlauben, eine Kirche oder Kapelle für den Gottesdienſt zu eröffnen, ihnen die Approbation ertheilen, das Wort Gottes zu verkünden, die h. h. Sakramente zu ſpenden, über-haupt kirchliche Funktionen zu verrichten.

Darum erklären denn auch die Miniſter v. Rau-mer und v. Weſtphalen in ihrem Reſcripte vom 25. Febr. 1851:**)

„Nach den Beſtimmungen der Verfaſſungsur-kunde, welche der evangeliſchen und katholiſchen Kirche, ſowie jeder andern Religionsgeſellſchaft die ſelbſt-ſtändige Ordnung und Verwaltung ihrer Angelegen-heiten überläßt und das früher vom Staate ausge-übte Beſtätigungsrecht bei Beſetzung geiſtlicher Stellen aufgehoben hat, liegt es nicht mehr in den Befug-niſſen der Staatsgewalt, einen katholiſchen Geiſtlichen, welcher ſich im Beſitze des preußiſchen Staatsbür-gerrechts befindet, von der Aufnahme in den Curat-clerus und von der Berufung zu geiſtlichen Aemtern blos deshalb auszuſchließen, weil derſelbe auslän-diſche Bildungsanſtalten beſucht, oder im Auslande

---

*) Das Recht und der Rechtsſchutz der katholiſchen Kirche in Deutſchland von Biſchof v. Ketteler. 1854. — S. 40.

**) Mitgetheilt im 1. Heft der „Beiträge zum preuß. Kir-chenrechte". S. 56.

die geistlichen Weihen erhalten hat. Ausländische
Geistliche aber, welche innerhalb des preußischen
Staates zu vorübergehender Aushülfe in der Seel=
sorge von den geistlichen Ortsbehörden zugelassen,
oder in geistliche Stellen dauernd berufen werden,
unterliegen ohne Rücksicht auf ihren geistlichen Cha=
rakter denselben Bestimmungen, welchen alle Aus=
länder in Beziehung auf ihren Aufenthalt oder ihr
Verhalten in Preußen überhaupt unterliegen, so daß
solche ausländische Geistliche, auch nach erfolgter
Berufung durch die geistlichen Obern, jederzeit wie=
der ausgewiesen werden können, wenn jene nicht
vor der Uebertragung einer geistlichen Stelle Auf=
nahme in den preußischen Unterthanenverband nach=
gesucht und erhalten haben.

„In Beziehung auf eine durch ausländische
Geistliche, z. B. durch Redemtoristen, bewirkte Aus=
hülfe in der Seelsorge, in der Abhaltung von Mis=
sionen und Exercitien u. s. w. kann im Allgemeinen
von dem Standpunkte des Ministers der geistlichen,
Unterrichts= und Medizinal=Angelegenheiten ein Ein=
schreiten nicht eintreten; vom Standpunkte der Ju=
stiz= und Polizei=Verwaltung aber gegen sie ebenso
wie gegen jeden andern Ausländer unter gleichen
Verhältnissen verfahren werden“...

Aus diesem Rescripte ergibt sich klar, daß Or=
densgeistliche, auch wenn sie Ausländer sind, wenn sie

von den Hochwürdigsten Bischöfen zu geistlichen Verrichtungen verwendet werden, dem Staate gegenüber,
wie jeder andere Fremde, nur den Gesetzen der Po-
lizei zu genügen haben. Wohl schien ein späteres,
unt. 16. Juli 1852, erlassenes Rescript andern Grundsätzen zu huldigen; allein der Waldbott'sche Antrag
in der zweiten Kammer hat die Circularverfügung
vom 27. Sept. 1852 veranlaßt und damit selbes in
ein, der Verfassung besser entsprechendes, Geleise
zurückgeführt.

Nach diesem wird man auch die von einer bekannten Seite her einige Mal aufgestellte Behauptung, daß die Grundsätze der Verfassung blos Ver-
heißungen seien, die noch erst der Ausführung
bedürften, um ins Leben zu treten, auf den Art. 15.
nicht mehr anwenden wollen. Dieser Auffassung
widerspricht ja schon der klare Wortlaut, welcher
nicht besagt, die Religionsgesellschaften sollten später einmal selbstständiger gemacht werden,
sondern die Selbstständigkeit als durch die
Verfassung herbeigeführt erklärt. Ihr widerspricht ferner die ganze Discussion, wie die stenographischen Berichte (S. 1075—1194) jener Sitzungs-
periode, in welcher die octroyirte Verfassung vom
5. Dec. 1848 der vorbehaltenen Revision unterworfen wurde, aufs überzeugendste darthun. Die Amen-
dements z. B. der Herren Riedel, v. Fock, Trende-

lenburg, welche das Eintreten dieser Selbstständigkeit
von spätern Gesetzen abhängig machen wollten, wurden sämmtlich verworfen. Ebenso, als die erste
Kammer eine Abänderung dahin vorschlug, daß nur
die innern Angelegenheiten selbstständig, die äußern
aber „unter gesetzlich geordneter Mitwirkung des
Staates und der bürgerlichen Gemeinden" von den
Religionsgesellschaften verwaltet werden sollten, wurde
dieser Vorschlag von der 2. Kammer verworfen, nachdem der Vertreter der Staatsregierung, Cultusmi-
nister v. Ladenberg, diese Verwerfung befürwortet
hatte. Derselbe bemerkte hiebei: „Wenn die Kirche
selbst ihre Angelegenheiten verwalten soll, so ist es
eine nothwendige Consequenz, daß alles das-
jenige, was zu ihrer Angelegenheit gehört, auch ihrer
selbstständigen Verwaltung nicht entzogen werde. Die
Trennung ihrer innern und äußern Angelegenheiten
hat ihre großen Bedenken, abgesehen davon, ob nach
dem Princip man überhaupt eine Selbstständigkeit,
die einmal im Ganzen gegeben ist, wieder tren-
nen, und in gewisser Beziehung sie zur Unselbststän-
digkeit wieder umwandeln kann."*)

Ist es hieraus nicht klar, wie wenig man sich
damals mit einer bloßen Vertröstung für die Zukunft begnügen wollte?

---

*) S. Archiv für katholisches Kirchenrecht. 1863. 5. Heft,
S. 294.

Wir wollen nur noch eine Bemerkung machen. Alle gesetzlichen Bestimmungen, welche die Kirche in der selbstständigen Ordnung und Verwaltung ihrer Angelegenheiten durch Beaufsichtigung und Einmischung beschränkten, sind nun schon nach allgemeinen Rechtsprincipien, als mit dem Art. 15 der Verfassung im Widerspruch stehend, für aufgehoben zu betrachten. „Wenn nämlich — sagt Vangerow*) ein Gesetz durchaus nur eine Folgerung aus einem andern bestehenden Rechtssatze ist, so muß mit Wegfallen dieses Rechtssatzes auch jenes Gesetz wegfallen, weil mit der Aufhebung eines Princips auch die bloßen Consequenzen desselben als aufgehoben betrachtet werden müssen." Diesen Grundsatz, welcher in der Wissenschaft wegen seiner Evidenz allgemein anerkannt ist, will die Verfassungsurkunde auch praktisch angewendet wissen im Art. 109:

„Alle bestehenden Gesetze, welche der gegenwärtigen Verfassung nicht zuwiderlaufen, bleiben in Kraft."

Nunmehr können wir diese Erörterung der Verfassung vom 31. Januar 1850 schließen. Durch dieselbe ist die Religions- und Vereinsfreiheit im vollsten Maße gewährleistet und in nothwendiger Folge davon auch den geistlichen Orden und Klöstern jene rechtliche Existenz, welche sie nach der neuen Ordnung der Dinge als religiöse, den Strafge-

---

*) Pandekten § 25.

setzen nicht zuwiderlaufende Privatvereine beanspruchen, garantirt.*) Desgleichen können Ordensgeistliche, in- und ausländische, von den geistlichen Behörden zu kirchlichen Funktionen bevollmächtigt und verwendet werden, in Kirchen und Kapellen, mit dem einzigen Vorbehalte der Gesetze der öffentlichen

---

*) Das „Archiv für katholisches Kirchenrecht" bringt im 2. Hefte l. J. einen Erlaß des preußischen Ministerium an die Königliche Regierung zu Minden, der vollständig also lautet:

„Der Königlichen Regierung eröffne ich auf den Bericht vom 8. d. Mts. unter Rückanschluß der Original-Anlagen desselben, daß ich mich der in dem Erlasse des Herrn Oberpräsidenten vom 3. d. Mts. ausgesprochenen Ansicht anschließen muß, daß die Mitglieder der Jesuitencorporation wegen dieser ihrer Mitgliedschaft nicht für unfähig zu erachten sind, das jedem selbstständigen Preußen zustehende politische Wahlrecht auszuüben.

Mag es auch richtig sein, daß das Gelübde des Gehorsams und der Armuth die Angehörigen des Jesuitenordens verhindert, nach ihrer freien Wahl über ihre Person oder ihr Eigenthum zu verfügen, bez. Eigenthum zu besitzen, so handelt es sich doch dem Staate gegenüber bei diesen Gelübden immer nur um eine bloße Gewissenspflicht, die vor dem bürgerlichen Gesetze und vor der weltlichen Obrigkeit als bindende Verpflichtung nicht anerkannt wird, und deshalb im weltlichen Verkehre diejenige Selbstständigkeit nicht aufheben kann, welche nach der Wahlverordnung vom 30. Mai 1849, bez. dem Staatsministerialbeschluß vom 19. December 1848 die nothwendige Vorbedingung des Wahlrechtes bildet. — Denn die hier vorausgesetzte politische Selbstständigkeit ist ein dem Rechtsgebiete angehörender Begriff, und es können eben deshalb auch nur solche Beschränkungen der Selbstständigkeit in Betracht kommen, welche ebenfalls rechtlicher Natur sind. Auf Abhängigkeitsverhältnisse dagegen, die blos factisch in die freie Selbstbestimmung des Einzelnen eingreifen, ohne daß der hiedurch begründeten Beschränkung der persönlichen Freiheit die Anerkennung des Gesetzes zur

Ordnung, welchen sie sich selbstverständlich, wie jeder
Unterthan und jeder Fremde, zu unterwerfen haben.

Aber die „Elberfelder Zeitung" kam unlängst zu
einem ganz entgegengesetzten, freilich sie selbst „über=

Seite stände, darf hiebei um so weniger Rücksicht genommen wer=
den, als es in der That an jedem sichern Kriterium fehlen würde,
wenn man die Selbstständigkeit des Wählers nicht nach den Vor=
schriften des Gesetzes, sondern nach der größeren oder geringeren
Abhängigkeit bemessen wollte, in welcher er zu andern Personen
steht. — Der Grundsatz des allgemeinen Landrechts (§. 1199 ff. Th. II.
Tit. 11), daß nach abgelegtem Klostergelübde Mönche in Ansehung
aller weltlichen Geschäfte als verstorben angesehen werden und un=
fähig sind, Eigenthum oder andere Rechte zu erwerben, zu besitzen
oder darüber zu verfügen, findet, wie aus §. 939 ibid. hervorgeht,
nur auf solche Mönche Anwendung, die einem vom Staate aufge=
nommenen Kloster oder Orden angehören. Dieses ist bei den Je=
suiten bekanntlich nicht der Fall. — Allerdings ist seit Ema-
nation der Verfassungsurkunde die freie Bildung
geistlicher Gesellschaften gestattet, ohne andere Beschränkung, als welche sich aus dem Vereinsgesetze ergeben. Hieraus folgt aber keineswegs, daß auf die Angehörigen
solcher, lediglich auf dem Boden der Vereinsrechte
stehender Gesellschaften die landrechtlichen Grundsätze über die
Mitglieder der vom Staate aufgenommenen Klöster an=
wendbar waren, vielmehr unterliegen sie, da der Staat in diesen
Gesellschaften blos Vereine erblickt, und auf ihre Vereinsregel nur
in soweit, als diese den Strafgesetzen zuwiderlaufen möchte, Rück=
sicht nimmt, lediglich denselben Bestimmungen, welche für alle
sonstigen Vereinsgenossen gelten.

Bisher ist auch in der gerichtlichen und administrativen Praxis
stets davon ausgegangen worden, daß die einzelnen Jesuiten im
bürgerlichen Verkehre für völlig dispositionsfähig zu erachten, und
insbesondere rechtlich befähigt seien, Grundeigenthum auf ihren
Namen zu erwerben und zu besitzen. Gerade über diese letztere
Frage sind im Jahre 1857 die Gutachten der betheiligten Justiz=

raſchenden" Reſultate. Sie brachte wörtlich heraus,
„daß entgegen der thatſächlichen, ſchwächlichen admi-
niſtrativen Duldung die Orden und Klöſter bei uns —
d. h. in den weſtlichen Provinzen des preußiſchen
Staates — keinerlei rechtliche Exiſtenz haben, und
daß der Staat berechtigt erſcheint, ſie ſofort aufzu-
löſen, und die Kirchen, welche weder Cathedralen,
Pfarrkirchen, Succurſalen, Annexe oder Kapellen ſind,
für den Gottesdienſt zu ſchließen."

Wir wollen vor Allen eingeſtehen, hier tritt an
die Stelle der feſten Thatſächlichkeit des Rechtes die
luſtige Hypotheſe eigener Herzenswünſche, an die Stelle
der als Schwäche verdächtigten Gerechtigkeitsliebe

---

behörden eingefordert worden, und dieſelben haben ſich faſt ein-
ſtimmig dahin ausgeſprochen, daß die Dispoſitionsfähigkeit der
einzelnen Jeſuiten vor dem weltlichen Forum durch die Ablegung
der Ordensgelübde nicht alterirt werde. Hienach muß ich die Beſchwerde vom 31. v. Mts. über die angeordnete Ausſchließung der
Jeſuiten zu Paderborn von den Urwahlen für begründet erachten
und veranlaſſe die Königliche Regierung deshalb zur ſchleunigen
Abänderung ihrer hierauf bezüglichen Verfügung.

Was die Zulaſſung der Laienbrüder des Franziskanerkloſters
zu Paderborn zu den Urwahlen anbetrifft, ſo iſt wegen der Ausſchließung derſelben von den Wahlen eine Beſchwerde bisher nicht
erhoben worden, und es fehlt deshalb an einer Veranlaſſung, auch
rückſichtlich ihrer eine Entſcheidung zu treffen. Es ſcheint indeſſen
bezüglich dieſer Franziskaner die Sache doch in ſofern anders zu
liegen, als das dortige Franziskanerkloſter bereits vor Erlaß der
Verfaſſung unangefochten beſtanden hat, und in der Allerhöchſten
Ordre vom 27. November 1843 eine ſtaatliche Aufnahme im
Sinne des § 939 II. 11. A. L. R. gefunden werden kann. — Es

der „Sturm und Drang" einer wohlbekannten Partei,
an die Stelle der administrativen Duldung die Maß-
losigkeit confessioneller und revolutionärer Intoleranz.

Ein solches Resultat weisen wir aber auch sonst
als ein völlig unbegründetes zurück.

Erstens. Dem Verfasser jener Artikel fehlt vorab
das Subjekt, dessen rechtliche Existenz er durch seine
Deductionen bestreiten will. Warum sah er von
dem doppelten Unterschiede der geistlichen Orden und
Klöster, nach der alten und nach der neuen Ordnung
der Dinge ab?*) Die von ihm angeführten Gesetze
kennen ja die religiösen Genossenschaften nur im
Sinne „von öffentlichen Corporationen, deren Ver-

---

würde deshalb mit Rücksicht hierauf die Annahme nicht ungerecht-
fertigt erscheinen, daß auf die Angehörigen dieses Klosters die Vorschriften der §§. 1199. 1200 ibid. Anwendung finden können."

Berlin, den 16. April 1862.

Der Minister des Innern (gez.) von Jagow.

*) Zu dem so eben mitgetheilten Ministerialerlasse fügen wir
die Notiz, die wir kürzlich in den öffentlichen Blättern gelesen
haben. „Am 10. Februar hat der betreffende Gerichtshof in London eine wichtige Entscheidung rücksichtlich einer Petition getroffen,
in welcher eine Nonne aus dem Kloster der Karmeliterinnen zu
Paris, Elisabeth Thompson, ihren Erbantheil im Betrage von
circa 15,000 Pfd. Sterling (über 100,000 Thlr.) reclamirte. Die
Testamentsexecutoren behaupteten, daß die Klägerin bürgerlich
todt sei, und daß das gesetzliche Instrument, durch welches sie über
ihr Eigenthum zu Gunsten der Väter vom Oratorium verfügte, im
Jahre 1862 unter dem Einflusse ihrer religiösen Obern ausgefertigt
worden sei, da sie sich zu dieser Zeit schon im Kloster befunden
hätte. Der Gerichtshof hat keinen bürgerlichen Tod

faſſung unter dem Zwangsſchutze des Staates ſtand
und die das Recht des Eigenthumserwerbes hatten,“
wie in Bezug auf die franzöſiſchen Geſetze Biſchof
v. Ketteler in der oben angeführten Schrift gegen
den Gemeinderath von Mainz unwiderleglich darthut.
Solche Genoſſenſchaften exiſtiren in Preußen im Allgemeinen nicht; einige wenige, wie z. B. die Franziskanerhäuſer in Weſtphalen ausgenommen,*) deren
Corporationsrechte garantirt ſind.

Es war demnach wohl ein Verſehen, wenn man
für das linke Rheinufer preußiſcher Landestheile ſich
auf franzöſiſche Geſetze berief. Wußte man denn nicht,
was alle Welt weiß, wie dieſe Geſetze in Frankreich,
wo ſie in voller Rechtskraft beſtehen, dennoch eine
große Menge nicht autoriſirter, d. h. vom Staate
nicht als Corporationen anerkannter Genoſſenſchaften,
und namentlich auch die Jeſuiten, aufblühen laſſen,
wie ſehr man auch vom Standpunkte derſelben
Partei, die auch in Deutſchland gegen die Klöſter
operirt, ſich gegen ſie erhoben hat? — Wie konnte

---

von Mitgliedern geſetzlich nicht anerkannter Körperſchaften angenommen, und ſich einfach begnügt, von der
Klägerin die Beſtätigung und Anerkennung des beſagten Inſtrumentes zu verlangen.“

*) Die Franziskaner in Paderborn, Rietberg, Wiedenbrück,
Warendorf, Dorſten, Hardenberg beſtanden unangefochten vor der
Verfaſſung und bekamen durch die Allerh. Ordre vom 27. Nov. 1843
ſtaatl. Aufnahme.

man das vom Staatsminister De Vatimesnil ver=
faßte Rechtsgutachten unterm 3. Juni 1845 über=
sehen, dahin gehend, „daß kein einziges, gegen=
wärtig in Kraft bestehendes Gesetz, das gemein=
schaftliche Leben von Personen, die vom Staate
nicht anerkannten religiösen Genossenschaften ange=
hören, verbiete?"*)

Man hat sich mit Vorliebe auf den Staatsrath
Portalis, diesen „eingefleischten Anhänger einer bureau=
kratischen Bevormundung der Kirche durch die Staats=
omnipotenz" berufen; warum berief man sich nicht
auch auf den glänzenden Vortrag seines Sohnes vom
Jahre 1844, worin er sich vor der französischen
Kammer entschieden dahin aussprach: „Es kann sich
nicht darum handeln, von dem französischen Boden
jene religiösen Institutionen zu verbannen, deren
Formen mit den Jahrhunderten und der Umwand=
lung der Sitten zwar gewechselt haben, die aber die
katholische Religion stets in ihrem Schooße getragen
hat und die ihrem Geiste gemäß sind. Sind sie
auch durch die Ordonnanzen vom Jahre 1828 vom
Unterrichte entfernt worden, so können sie trotz dessen

---

*) „Qu'aucune loi actuellement en vigueur ne prohibe
la vie en commun des personnes appartenant à des associations religieuses non reconnues." Consultation sur les
mesures annoncées contre les associations religieuses. Paris
chez Poussielgue-Rusard. 1845. Wir verweisen auf „Archiv für
Krchr." 1864. 2. Hft. S. 273 f. Neun der angesehensten franzö=

auf französischem Boden die bedeutendsten Verrich=
tungen des priesterlichen Amtes frei ausüben, und
der Schutz des Gesetzes wird Männern nicht fehlen,
welche Verpflichtungen eingegangen sind, die das
Gesetz zwar nicht anerkennt, aber auch nicht be=
straft" —?

Zweitens. Wir weisen das Resultat des an=
geführten Gegners ferner zurück, weil wir die ange=
rufenen, die Kirche beschränkenden, Gesetze und or=
ganischen Artikel,*) insofern sie mit der jetzigen Ver=
fassung im Widerspruche stehen, auf dem linken,
preußischen Rheinufer nicht mehr für rechtskräftig
halten können. Wir wollen hier nicht betonen, daß
jene organischen Artikel den Keim der Entkräftung
seit ihrem Entstehen in sich bargen; wurden sie doch
vom Consul Buonaparte nur deshalb zu der mit
dem Papste abgeschlossenen Convention hinzugefügt,
um diese dem Geschmacke der damaligen Franzosen
annehmbar zu machen, und deshalb auch von dem

---

sischen Juristen haben dies Gutachten unterzeichnet und daran
schließen sich die Beitrittserklärungen von 304 Rechtsanwälten am
Cassationshofe zu Paris und an 35 andern französischen Gerichts=
höfen. Hier vernehmen wir auch, wie das klosterfeindliche kaiser=
liche Dekret vom 3. Messidor XII. bereits durch den Code pénal
von 1810 (Art. 291) vollständig aufgehoben worden.

*) Diese Art. hat der röm. Stuhl nie gebilliget. Caprara
überreichte 18. Aug. 1803 im Auftrage des Papstes dem Minist.
Talleyrand eine ausführliche Einrede. Auch der franz. Clerus er=
hob sich später geg. d. Art.

Mitcontrahenten der Convention nicht in globo an=
erkannt. Als Preußen die Rheinprovinz und West=
phalen übernahm, übernahm es diese Länder mit
dem selbstverständlichen Vorbehalt, sie, übereinstim=
mend mit der wiederhergestellten Ordnung, Sittlich=
keit und Religion, nur nach den Grundsätzen des
Kirchen= und Staatsrechtes, zu reguliren.*) Die ent=
gegengesetzte Annahme, verstößt gegen allen Rechts=
sinn, und sollte am allerwenigsten geltend gemacht
werden von solchen, die immer den Fortschritt des
deutschen Rechtslebens im Munde führen. Sicher
lag sie auch nicht im Rescripte vom 19. August 1826,
worin der Minister v. Altenstein erklärt: „Die Stel=
lung, welche ein Bischof bei Ausübung seines bischöf=
lichen Amtes gegen die das jus circa sacra respici=
renden Verwaltungsbehörden zu nehmen habe, richte
sich nicht nach dem französischen, sondern
nach dem preußischen Staatsrechte, wie dies
im Allg. L. R. u. s. w. vorliege." Jene hier ein=
schlägigen Gesetze sind später auch auf dem linken
Rheinufer durch die ganz Preußen umfassende Ge=
setzgebung obolirt worden und sind somit für das
heutige Rechtsleben bedeutungslos.

    Von den Erklärungen der Königl. preuß.

---

*) Die Proklamation von Fried. Wilh. III. d. d. 5. April 1815
sagt: Eure Religion, das Heiligste, was dem Menschen angehört,
werde ich ehren und schützen! u. s. w.

Regierung in diesem Sinne erwähnen wir blos den Erlaß des Cultus-Ministers v. Mühler, unterm 16. September 1862, an den Oberpräsidenten der Rheinprovinz, worin es heißt:

Auch läßt sich die Auffassung nicht theilen, daß die organischen Artikel zur Convention vom 26. Messidor IX. als ein auf Vertrag beruhendes Specialrecht der katholischen Kirche in den linksrheinischen Landestheilen und zwar dergestalt anzusehen seien, daß letztere nur als untrennbar von dem Inhalte dieser Artikel in den preußischen Staatsverband Aufnahme gefunden habe. Abgesehen davon, daß die organischen Artikel bekanntlich keinen Theil der im J. 1801 zwischen Frankreich und Rom abgeschlossenen Convention gebildet haben, vielmehr von der damaligen Staatsregierung einseitig und zum Theil unter Widerspruch des römischen Hofes erlassen worden sind, so hat auch die Krone Preußens bei der Besitznahme der linksrheinischen Landestheile nie darauf verzichtet, die aus der Zeit der französischen Regierung überkommenen kirchlichen Einrichtungen nach eigenem Befinden aufzufassen und zu ordnen. Daß dabei, namentlich so viel die Beziehungen der katholischen Kirche zum Staate angeht, im Wesentlichen nur diejenigen Grundsätze haben maßgebend sein können, welche deshalb in den ältern Provinzen leitend waren, ergibt sich von selbst, und ist außerdem wiederholt am ent=

schiedensten in der die Verhältnisse der kath. Kirche im ganzen Staate, einschließlich der Rheinprovinz, regelnden, durch die Allerhöchste Ordre vom 23. August 1821 publicirten Circumscriptions-Bulle zum Ausdruck gelangt. In völlig entsprechender Weise hat die Verfassungsurkunde in ihren hieher gehörigen Bestimmungen das gesammte Staatsgebiet im Auge gehabt, ohne darauf zu rücksichtigen, ob etwa in einzelnen Theilen desselben particuläre Vorschriften vorhanden seien, denen ein anderer Standpunkt zum Grunde gelegen habe, und ohne darauf eingehen zu können, dergleichen Einzelbestimmungen specieller, als durch den Art. 109. geschehen, zu aboliren."*)

Wenn der anonyme Verfasser einer widerstreitenden Ansicht huldigen zu müssen glaubt, so stellen wir seiner Autorität die des gelehrten Professors an der Berliner Universität entgegen. Nachdem Richter der abweichenden Behauptung, daß die frühern speciellen Gesetze durch die entgegenstehenden Grundsätze der Verfassung nicht aufgehoben worden seien, und einer entsprechenden Entscheidung des Obertribunals gedacht hat, fährt er fort: „Nach der Publication der Verfassungsurkunde war indessen die geistliche Verwaltung, und nicht bloß diese, der Ansicht, daß

---

*) Mitgetheilt im Archiv für kath. Kirchenrecht. 1863. 5. Heft. S. 296.

der 12. (15.) Artikel die entgegenstehenden Bestimmungen des älteren Rechtes direct aufgehoben habe. Die weitere Entwickelung ist daher ganz nach dieser Voraussetzung geleitet worden."*) Ganz dieselbe Auffassung entwickelt v. Rönne in seinem „Staatsrechte der preußischen Monarchie."**)

Drittens. Wir weisen endlich das ganze Resultat jenes Verfassers entschieden zurück, weil seine versuchte Auslegung der Verfassungsurkunde eine rein willkührliche ist, und weil sie im Widerspruch steht mit dem klaren Wortlaute, den Absichten der Gesetzgeber und einer vierzehnjährigen Interpretation der höchsten Behörden. Wir weisen diese Auslegung zurück selbst als Angriff auf die verfassungsmäßigen Rechte der Katholiken, ein Angriff, der ins tiefste Leben hineinschneidet. „Die verfassungsmäßig garantirte Selbstständigkeit der Kirchen ist nicht etwa blos als ein todter Buchstabe in der Gesetzsammlung niedergelegt, sie ist vielmehr in dem preußischen und deutschen Rechtsbewußtsein ein großes Axiom, ein wahrhaftes Lebensprincip geworden und wird als

---

*) S. Zeitschrift für Kirchenrecht von Dove. 1. Bd. 1. Heft. S. 110. —

**) Bd. I, S. 644 ff. — Archiv. l. c. S. 297. — Wir verweisen besonders auf die, auch im „Archiv" 1864. 1. Heft mitgetheilte Abhandlung: „Das verfassungsmäßige Recht der Kirchen in Preußen und das Urtheil des K. Obertribunals v. 19. Mai 1863, von einem preuß. Juristen."

ein Grundrecht im vollsten Sinne des Wortes em-
pfunden und gewürdigt; ... dies Recht der Kirche
ist ein dreifach heiliges nach seinem Grunde, seinem
Ursprunge und seinem Zwecke; es ist getragen durch
die edelsten und stärksten Sympathien des christlichen
Volkes."

Um es offen zu sagen, wir können in der geg-
nerischen Insinuation nichts Anderes erkennen, als
das Streben einer Partei, die, um ihre eigenen
Zwecke zu verbergen, sich selbst immer mit dem Staate
identifizirt, und aus diesem Grunde Alles, was ihren eigenen Bestrebungen widerstreitet, als unver-
einbar mit den Zwecken und Gesetzen des Staates
denuncirt.

Wenn man daher den geistlichen Orden und
Klöstern die Berechtigung ihrer Existenz in Preußen
bestreitet, so findet man nicht bewährt ein allge-
meines Princip, das allen Preußen zu Gute kommt
und nicht nur alle Katholiken, sondern auch alle
billige Protestanten müssen dagegen protestiren im
Namen der confessionellen Toleranz und der ge-
schichtlichen Wahrheit, der voranschreitenden deutschen
Rechtsentwicklung, der durch die Verfassungsurkunde
garantirten Vereins- und Religionsfreiheit.*)

---

*) Ich kann diesen Artikel nicht schließen, ohne zu verweisen
auf die ebenso klare, als gründliche Erörterung der Bestimmungen der franz. Gesetzgebung, des preuß. Landrechts und der preuß.

IV.

Die Freiheit des Ordenslebens ist die edelste aller Freiheiten.

Die Freiheit des Ordenslebens ist die Freiheit jenes religiösen Strebens, das durch die Beobachtung der evangelischen Räthe dem Gipfel der Vollkommenheit entgegenführt und zugleich eine perennirende Quelle der größten socialen Segnungen eröffnet; und diese Freiheit sollte nicht die edelste sein?

Wir reden hier von der äußern Freiheit, welche die innere voraussetzt; wir reden von der ungehemmten Entfaltung wohlberechtigter Interessen, von der Befriedigung geordneter Ansprüche des sittlichen und religiösen Menschen.

Dieser hat mancherlei Art von Interessen: materielle, intellectuelle, moralische, sociale, religiöse Interessen. Jede hat ihre Sphäre einer berechtigten Entfaltung; für jede Sphäre fordern wir Freiheit.

Verfassung, worin d. Vf. mit unwiderleglicher Bündigkeit die staatsrechtliche Existenz der geistlichen Genossenschaften darthut und der Berliner Broschüre, resp. der Elberfelder Zeitung, ihre durchaus falschen Deductionen augenfällig nachweiset. Er schließt: „Die höchsten Staatsbehörden werden literarischen Produkten, wie sie in dem angegebenen Sinne in der letzten Zeit an das Tageslicht treten, die Würdigung angedeihen lassen, welche sie verdienen." (Die geistl. Genossenschaften 2c.. Zum Verständnisse der Verfassungsurkunde. Paderborn 1864.)

Zur Freiheit der religiösen Interessen gehört die Freiheit des Ordenslebens.

Jede wahre Freiheit ist wohlthätig, preiswürdig; jede Freiheit ist edel, weil der Idee Gottes entsprechend.

Die Freiheit der materiellen Interessen fördert Handel und Gewerbe, Cultur und blühenden Wohlstand. Wo sie wahrhaft garantirt ist, da ist für die Wohlfahrt eines Volkes schon eine solide Grundlage gesichert.

Die Freiheit der intellectuellen und moralischen Interessen ist die frische, gesunde Luft, in der allein Künste und Wissenschaften, Männertugend und edle Charaktere, und damit wahre Bildung und Civilisation sich lebenskräftig entwickeln. Eines der alleredelsten Güter für das Menschengeschlecht ist diese Freiheit.

Bürgerliche und staatliche Freiheit sind gegeben mit der socialen; nur in ihrem Schutze ist jede andere Freiheit denkbar.

Aber höher als der sittliche Mensch steht der religiöse. Durch die socialen Interessen hängt der Mensch noch mit der Erde zusammen; durch die religiösen steht er in Verbindung mit dem Himmel. Auf diesem Gebiete sind aber zwei wohlgetrennte Ordnungen zu unterscheiden. Während die einen Menschen durch die Beobachtung der göttlichen Gebote ihre Natur läutern und mit Gottes Gnade sich zum einstigen Gottesbesitz befähigen, gehen andere weiter; sie fügen die Beobachtung der evangelischen Räthe hinzu, und aus Liebe zum Erlöser verzichten sie auf manches erlaubte irdische Gut, nur um Jesus Christus noch ähnlicher zu werden. In diesem großmüthigen Dienste des Herrn, zu dem sie sich nur auf seinen Ruf, nicht aus Eitelkeit oder aus Geistesschwäche, entschließen, bekundet sich die edelste Seite des Menschen und zugleich handelt es sich um die edelsten Güter. Auch laue Christen müssen das zugeben, wenn sie an religiösem Sinne nicht vollständigen Bankerott gemacht haben. Aber je edler die Sphäre menschlicher Thätigkeit ist und je edler die Güter sind, deren Erreichung sie bezweckt, desto edler ist die Freiheit derselben. Edler, als die materielle Freiheit, ist die geistige; aber edler, als die geistige, ist die höchste religiöse, die Freiheit der evangelischen Räthe. Die Freiheit des Ordenslebens ist also die edelste aller Freiheiten.

Die Welt, meinen wir, ist überflüssig groß; warum sollte es da nicht Raum geben für jede wohlgeordnete Entwicklung des Menschen, für eine entsprechende Befriedigung all seiner Anlagen? Und falls eine Beschränkung nothwendig schiene, sollte diese dann gerade auf die alleredelsten fallen?

Dem Glückskinde ist es freigestellt, mit seinem

Vermögen zu thun, was ihm beliebt, es auf der
Bank oder hinter Mauern und Eisenschloß nieder-
zulegen, es zu verschwenden oder sich mit Andern
zu großen Unternehmungen zu vereinigen; Alles,
selbst den thörichten Gebrauch glaubt man ihm ver-
statten zu dürfen; es hat Freiheit, die Freiheit —
des Geldes.

Der Lebemann mag frei seiner Lust folgen, auf
nichts Rücksicht nehmend, außer etwa auf seinen Geld-
beutel; er kann den Tag in die Nacht, die Nacht
in den Tag verwandeln, wenn es nur seine Gesundheit aushält; Concerte und Festgelage, Ballete
und Theater sind sein Vergnügen, er besitzt volle
Freiheit, die Freiheit — des Vergnügens.

Gewährt man nicht Freiheit für Alles? Der
Schwindler ist frei, und er unternimmt waghalsige
Speculationen. Der Geizhals ist frei und er scharrt
zusammen. Der unruhige Kopf ist frei und entwirft
Plane, er bewegt sich, er geht auf Reisen. Der
Gelehrte, der Philosoph ist frei, und er studirt sich
bleich und baut ein System an die Stelle eines andern, das man eben niedergerissen hat. Jeder ist
frei, und er genießt die Welt nach seinen Ideen,
seinen Launen, seinen Bedürfnissen. Ja, es gibt
volle Freiheit für alle Welt; es fehlt sogar nicht an
Freiheit für die abscheulichste Corruption der Sitten;
dulden ja die Regierungen selbst die Ausschweifung

in bestimmter Form, wenn nur der öffentliche An=
stand nicht mit gar zu großer Frechheit verletzt wird.
Und es sollte keine Freiheit geben für die Nachfolge
Jesu Christi? keine Freiheit für das Ordensleben,
d. h. für ein Leben der englischen Reinheit, der Samm=
lung und des Gebetes, der Armuth und Entsagung?
keine Freiheit für die Hinopferung zum Wohle seiner
Brüder?

Was fürchtet man denn von dieser edelsten, voll=
kommensten Freiheit? —

Alle wollen Freiheit, wenigstens Freiheit der
materiellen, handgreiflichen Interessen., vielleicht auch
Freiheit der Wissenschaft, der Kunst, der Civilisation.
Wohlan, so achte man denn das große Gesetz,
nach welchem das Höhere und Vollkommenere
das Niedrigere und weniger Vollkommene
in sich schließt, es verstärkt, schützt, adelt
und erhebt. Die religiöse Freiheit ist keiner wah=
ren Freiheit entgegen; nur mit der Leidenschaft, der
Willkühr, der Unordnung ist sie unverträglich: aber
gerade hiedurch schützt sie jede Freiheit. „Die Frei=
heit, sagte schon Cicero unübertrefflich, fordert die
Unterwürfigkeit unter das Gesetz.“ Ebenso kann
man sagen, die intellectuelle Freiheit fordere die
Unterwerfung unter die Wahrheit; die moralische die
Unterwerfung unter die Tugend; diese beiden aber
bedingen die Freiheit der blos materiellen Interessen.

Die religiöse Freiheit kommt nun vor Allen der
Wahrheit und der Tugend zu Gute, und dadurch
jeglicher Freiheit.

Es gibt, so zu sagen, eine hierarchische Ordnung der menschlichen Interessen, und zwischen allen
besteht ein Gesetz strenger Solidarität. Jede Stö-
rung rächt sich nach unten und nach oben. Was
die Philosophie aus Principien ableitet, das lehrt
die Geschichte durch den Zusammenhang der Thatsachen: in der frischen Atmosphäre der Religion blüht
die sociale Ordnung am besten, und nur in der socialen Ordnung gedeiht der intellectuelle Fortschritt
und materielle Wohlstand; umgekehrt ist der Wohlstand an und für sich der geistigen Bildung, Bildung
und Civilisation an und für sich den Interessen der
Religion förderlich. Das Unvollkommene dient dem
Vollkommenen, das Niedere dem Höheren; aber zu
gleicher Zeit wird jenes von diesem erhöht und ver-
edelt: dieses Gesetz erhellt dem Geschichtsphilosophen
mit fast mathematischer Gewißheit.

Wer wollte also behaupten, die edelste und
höchste religiöse Freiheit, die Freiheit des Ordenslebens stehe irgend einer wohlgeordneten Freiheit im
Wege? Wer möchte folgerichtig im Namen der Freiheit überhaupt durch Verfassungsparagraphen und
Polizeimaßregeln Orden und klösterliche Genossenschaften mit dem Interdicte belegen?

Gerade im Namen der Freiheit sollte man sie
vielmehr beschützen. Aus den stillen Mauern des
Klosters sind die muthigsten Vertheidiger der Freiheit hervorgegangen.

Kaiser Theodosius war schwer erzürnt über Antiochia. Durch den Ruin der ganzen Stadt wollte
er nicht blos die Strafbaren, sondern auch die Schuld-
losen vernichten. Wer trat diesem Despotismus der
Grausamkeit entgegen? Nach dem schon oben erwähnten Zeugnisse des h. Chrysostomus waren es
die Mönche, die zur rechten Stunde aus ihrer klösterlichen Einsamkeit herbeieilend, mit muthigem Antlitze
vor den Rache schnaubenden Kaiser traten: sie haben
die Stadt gerettet.

Aehnliche, wenn vielleicht weniger eclatante Beispiele sind oft vorgekommen. Und diese allverehrten
greisen Mönche, die aus ihrer Jahrzehende lang nicht
verlassenen Zelle nur hervorkamen, um den Leidenschaften bald mit ernster Mahnung, bald mit sanfter
Bitte entgegenzutreten, wurden selten überhört. Der
Fürbitte heiliger Männer, denen Gott selbst so große
Gnaden gewährte, hartnäckig zu widerstreben, erschien
in frühern Zeiten geradezu gottlos. Ja, die christlichen Kaiser des ost- und weströmischen Reiches erblickten in der Fürsprache der Mönche ein willkom-
menes Mittel, um strenges Recht in Gnade übergehen zu lassen, ohne durch den Schein der Schwäche

ihrem Ansehen etwas zu vergeben; darum haben sie jener Sitte der Mönche durch Gesetze sogar einen Rechtstitel verliehen.*)

Im Mittelalter ragt der h. Bernard hervor als ein unerschrockener Kämpfer für Freiheit und Recht. Contemplativ, wie wenig Andere, steht er zugleich wie ein Fels im brandenden Strome der Ereignisse, bald gegen hohe kirchliche, bald gegen die weltlichen Würdeträger ein Hort des Rechtes, ungebeugt und ungebrochen. Wir erinnern nur beispielsweise an seinen Freimuth gegen Papst Eugen III.**). Die Zeit des Mittelalters, mag man auch sonst davon denken, wie man will, war eine Periode der größten socialen Freiheit und bekanntlich die Blüthezeit der religiösen Orden.

Und wenn es einen Tyrannen gab, wie der blut-dürstige Ezzelin, so gab es auch einen Ordensmann, wie der h. Antonius. Jener hatte eben zu Verona eine bedeutende Zahl Menschen hinwürgen lassen, und schon stand Antonius furchtlos vor dem Wüth- rich. „Feind Gottes, spricht er zu ihm, grausamer Tyrann, wie lange noch willst du unschuldiges Chri- stenblut vergießen? Schon schwebt Gottes Richter- spruch über deinem Haupte. Ein sehr strenger, schreck-

---

*) Vgl. Möhler, l. c. S. 225.
**) S. seine berühmteste Abhandlung: „De consideratione libri V ad Eugenium papam." Deutsch von Krabinger. Landshut, 1845.

licher Spruch! Die wilden Knechte warteten nur
auf das übliche Zeichen, um ihn in Stücke zu hauen;
aber tief getroffen von der freien Sprache dieses
Mönchs, zeigte der Wüthrich sich plötzlich sanft wie
ein Lamm, und indem er seinen Gürtel in Form
eines Bußstrickes sich um den Hals legte, warf er
sich vor dem h. Manne nieder, legte demüthig das
Bekenntniß seiner Vergehungen ab und gelobte Bes-
serung. Und in der That, aus Verehrung für den
Heiligen, die er zeitlebens bewahrte, hat Ezzelin sich
wenigstens vieler Verbrechen der Tyrannei enthalten.*)

Im Jahre 1356 wurde Pavia hart von den
Visconti belagert. Alle Bürger verloren den Muth;
nur nicht der Augustinermönch, Bruder Jakob, vom
Hause der Bussolari. Sein eindringliches Wort begeisterte jetzt die Belagerten, und unter seiner Leitung
thaten sie Alles zur Vertheidigung ihrer Unabhängigkeit. Wohl mußte die Stadt endlich dem überlegenen
Feinde nachgeben; aber indem Bussolari sich ergab,
stellte er die Bürger vertragsmäßig gegen alle Rache
der Herren sicher; für sich bedingte er nichts.**)
Glücklicher war ein Dominikaner aus dem Kloster

---

*) Rohrbacher, Hist. univers. de l'Église catholique, t. 18,
p. 240.
**) Cantu, Allgem. Weltgeschichte, bearb. v. Brühl. Bd. 8.
S. 609.

San Marco. Er hat am Ausgange des 15. Jahrhunderts die Stadt Florenz gerettet.*)

Man kennt den Absolutismus, der vom Hofe Ludwig XV. aus auf die Nation drückte, man kennt die leidenschaftliche Willkühr der Frau Pompadour, der königlichen Maitresse. Wer beugte sich da nicht vor der Omnipotenz dieser Majestäten? Wo Minister abgesetzt und Prinzen von Geblüte sich demüthigen mußten, wenn sie wagten, ihnen die Spitze zu bieten. Fand sich da ein einziger freier Mann als Vertreter des Rechtes und der Tugend? Nur der einfache Jesuit de Sacy wagte Beiden ins Angesicht zu sagen: „Non licet tibi, es ist dir nicht erlaubt!" Freilich entstand daraus ein wüthender Sturm gegen die Gesellschaft Jesu; aber der h. Johannes der Täufer hatte ja schon lange vorher dasselbe Wort mit dem Tode bezahlt.

Die heroische Freimüthigkeit jener Männer hatte ihre Quelle im innersten Wesen des Ordenslebens. „Die Selbstbeherrschung, sagt Tocqueville, ist das Geheimniß der Kraft." Zunächst sich selbst zu beherrschen mit Gottes Gnade, und dann sich aufzuopfern: das ist der Lebensgrund aller religiösen Orden; das ist auch der Grund der großen, unabhängigen Charaktere. Sie dienten Gott, und „Gott dienen heißt herrschen — Deo servire regnare est."

---
*) Rohrbacher, l. c. t. 22, p. 241.

Weil ihr Blick so unverwandt auf Gott gerichtet war, so maßen sie ferner Alles nach dem Maßstabe Seiner Größe, und sie sagten, wie der h. Cyprian: „Der stürzt sich herab vom Gipfel seines Adels, wer etwas Anderes bewundern kann als Gott." Solch einem Manne gelten die Worte des Dichters:

„Os homini sublime dedit, coelumque tueri
Jussit, et erectos ad sidera tollere vultus."

Der Kampf der sittlichen Freiheit gegen die Knechtschaft des Fleisches, das beharrliche Ringen nach Erlangung und Bewahrung christlicher Tugenden gab ihren Seelen jenen Aufschwung in die höchsten Regionen, wo allein die Heimath ihrer wahren, ihrer ewigen Größe ist.

Aber gerade dadurch entzündete sich in ihnen oft auch eine begeisterte Liebe für edle Freiheit. Graf Montalembert, welchen langjährige Geschichtsforschungen speciell auf diesem Gebiete zu einem competenten Urtheil berechtigen, sagt darum richtig: „Jener ritterliche Muth, den die Mönche täglich gegen die Sünde, sowie gegen ihre eigenen Schwächen an den Tag legten, beseelte sie auch, wenn es galt, den Fürsten und Mächtigen, die ihre Autorität mißbrauchten, entgegen zu treten. Bei ihnen vorzugsweise findet sich jene moralische Vollkraft, durch welche der Mensch sich stark und in der Stimmung fühlt, der Ungerechtigkeit entgegen zu treten, und der Ge-

walt auch da Einsprache zu thun, wo diese Miß-
bräuche und Ungerechtigkeiten nicht zunächst auf ihn
selbst fallen. Diese Energie, ohne welche alle Bürg-
schaften für Ordnung, Sicherheit und Unabhängigkeit, welche die Politik erdenken mag, nichts als
Täuschung sind, lag ganz wesentlich von Anfang an
im Charakter und im Stande der Mönche."

„Von allen Menschen sind die Mönche diejenigen, welche im Laufe ihrer Geschichte am wenigsten
Furcht vor der Uebermacht und feige Nachgiebigkeit
gegen die Gewalt gezeigt haben. Im tiefen Frieden
des Klosters und im Gehorsame bildeten sich fortwährend feste, zum Kampfe gegen die Ungerechtigkeit
gestählte Herzen und unbeugsame Kämpfer für Recht
und Wahrheit. Große Charaktere, beherzte, unab-
hängige Männer für derartige Kämpfe fanden sich
nirgends zahlreicher, als im Mönchsgewande. Dort
waren in Menge Charaktere, die zugleich ruhig und
kraftvoll, gerade und hochsinnig und ebenso auch
tief demüthig und voll frommen Eifers erscheinen,
solche, die Pascal als durch und durch heroische
Seelen bezeichnet."

„Die Freiheit, so sagt ein heldenmüthiger Mönch
des achten Jahrhunderts, die Freiheit wird mit
nichten deshalb aufgegeben, weil die Demuth sich
selbst freiwillig erniedrigt. Und im vollen Mittelalter schrieb ein anderer Mönch, Petrus von Blois,

die herrlichen Worte, die zugleich der Inbegriff der politischen Gesetzgebung jener Epoche und der Geschichte des Mönchthums sind: „Zwei Dinge gibt es, für welche jeder Christ bis aufs Blut einstehen muß: die Gerechtigkeit und die Freiheit."*)

Also weit entfernt, daß ein ungehindertes Aufblühen des wahren Ordensgeistes in der edelsten aller Freiheiten die sociale Freiheit beeinträchtigt, ist es im Gegentheile ihr Schutz und ihre Weihe.

Ja, wir sagen noch mehr. Wo diese edelste Freiheit nicht blüht, da soll man gar nicht reden von Freiheit. Im Jahre 1830 citirte Herr Dupin in der französischen Kammer die Worte des Kanzlers de L'Hopital, den man in Fragen der religiösen Toleranz als eine unzweideutige Autorität anerkennen wird. Bei einer analogen Gelegenheit rief jener Kanzler aus: „Wenn man die Freiheit des Menschen in so enge Schranken bannen will, daß Religion und Seele nicht mit einbegriffen sind, dann verdreht man boshafter Weise das Wort und die Sache selbst; denn die Freiheit für sich allein ist noch keine Freiheit." Die wahre Freiheit schließt nothwendig für die religiösesten Seelen, für die edelsten Naturen eines Volkes, wie für die gemeinern, das Recht ein, sich dem innewohnenden Drange gemäß, innerhalb

---

*) Geschichte des Mönchthums im Abendlande. 1. Band.

der Schranken der Sittlichkeit, ungehindert zu bethätigen.

Es gibt bevorzugte Menschen. Eine geistige, von Gott verliehene Eigenthümlichkeit zeichnet sie aus; der Zug zum Göttlichen, Heiligen und Ewigen ist in ihnen so lebendig, daß die Verbindung mit allem Endlichen und Zeitlichen nur durch einen ganz schwachen Faden erhalten wird. Die eigentlich geistige, gottverwandte Natur im Menschen tritt in ihnen so stark hervor, daß die entgegengesetzte beinahe erstirbt schon in diesem Leben. Ihr Leben ist mit Christus verborgen in Gott.*) Diesen begnadigten Seelen muß die äußere Lebensweise entsprechen, wenn sie nicht unter einem peinlichen Drucke der Verhältnisse verkümmern sollen. Wäre da wirklich Freiheit, wo ein solches Schicksal die edelsten Glieder der Gesellschaft träfe? Wäre da nicht die Despotie im höchsten Flor, wo man eine h. Theresia, welche die Welt mit Füßen tritt, und mit dem Pfeile der göttlichen Liebe im Herzen in die höchsten Regionen des geistlichen Lebens sich aufschwingen will, zurückhalten, ihr die Einsamkeit der Zelle, die Freuden einer klösterlichen Genossenschaft, den stillen Verkehr mit ihrem himmlischen Bräutigam untersagen wollte? Wir muthen keiner Staatsbehörde zu, daß sie das „pati aut mori" einer solchen Liebhaberin des Kreuzes für

---

*) Vgl. Möhler's Athanasius. II, 87.

sich adoptire; aber wenn diese Heilige darin eine überirdische Glückseligkeit findet, wäre das ein freisinniges oder ein despotisches Gesetz, welches sie darin stören wollte? ·

Wenn ein junger Markgraf von Castiglione, von einem übernatürlichen Schwunge des Geistes getragen, wie die Heilige vom Karmel, ausruft „Solo Dios basta", und vom Ruhme der Ahnen und vom schimmernden Hofglanze hinweg in die Armuth, Verborgenheit und Gebetsstille eines Ordens sich flüchten will, wolltet ihr ihn zurückhalten unter den Eitelkeiten einer armen Welt und diese um das Beispiel einer englischen Tugend noch ärmer machen? Wenn ein Peter Claver nach dem Heroismus eines erhabenen Opferlebens dürstet, wolltet ihr den Negern von Neu-Carthagena den einzigen Freund, den liebevollen Vater vorenthalten? und das wäre nicht eine Thrannei, ebenso abscheulich als die eines Diocletian?

Diesen bevorzugten Menschen, die wir angedeutet haben, folgen Tausende — je nach dem Maße der ihnen zugetheilten Gnade. Die verschiedenartigsten Formen bilden sich hier aus, wie in der Pflanzen- und Blumenwelt. Der h. Beruf zum Ordensleben folgt keiner Schablone. Er ist Gottes That; darum nimmt er Theil an der Mannigfaltigkeit Seiner Werke. Während es Menschen gibt, die von einem Zwiespalt der Natur kaum etwas wissen, so

daß sie in Adam nicht gesündigt zu haben scheinen,
durch und durch rein und edel, als ob ein Engel in
dem körperlichen Organismus wohne: kennen Andere
fast nur die rauhen Stürme der Leidenschaft nach
innen, des Lebens nach außen. Solche Menschen
sind es, welche den sittlichen Charakter unserer modernen Staaten mit den Gräueln des Selbstmords
beflecken. Vielen fehlte die Gelegenheit, die Andere
gerettet hat, welche den Sieg über sich selbst und
die Ruhe ihrer Seele in einem stillen Kloster gefunden haben — vielleicht auch als reuige Sünder
Trost in der Sühne der Vergangenheit, in einer
Karthause oder zu La Trappe sich rein waschend im
Blute des Lammes. — Neben diesen glücklichen
Büßern gibt es andere, noch glücklichere, —
die von der ersten Liebe ihres himmlischen Bräu-
tigams nie abgefallen, aber für die sündige
Welt den Opferweg der Buße betreten und die
lieblichen Wundmale des Erlösers an sich selbst
erneuern.

Ferner sucht die Gnade auch Einsiedler der Ge-
müthswelt. Lebenslang wollen sie nie völlig einheimisch hienieden werden; überall und in all ihrem
Thun und Lassen begleitet sie, lebendiger als tausend
Andere, ein Gefühl des Fremdseins und sie fühlen
sich nur befriedigt, indem sie entweder in vielseitiger
Thätigkeit für die Mitwelt über dieses Leben sich

emporringen, oder losgetrennt von zeitlichen Sorgen
in das innere Gnadenleben sich so versenken, daß
sie hienieden schon heimisch werden in einer andern
Welt, und der Strom des äußern Lebens an ihnen
vorüberrauscht, ohne sie zu bewegen. — Endlich ist
die Klasse derjenigen nicht zu vergessen, die deshalb
in den Ordensstand eintreten, um ihr Heil sicher zu
stellen vor den Gefahren der Welt, und unbehelligt
von irdischen Banden und Rücksichten dem Dienste
Gottes und des Nächsten sich hinzugeben. Das ist
die zahlreichste und gewöhnlichste Klasse. Wenn nun
die Freiheit des Rechtes dem Menschen eben das
moralische Vermögen sichert, zur Erreichung der
Glückseligkeit erlaubte Mittel nach freier Wahl an-
zuwenden, ist es dann etwas Anderes als die schrei-
endste Rechtsverletzung, wenn man gerade den Weg
verbauen will, auf welchem ein großer Theil des
Volkes, und zwar gemäß seiner vom Staate anerkannten Religion, am leichtesten zu seinem Glücke zu
gelangen hofft? — Viele erreichen das Ideal des
Ordenslebens allerdings nicht; und wenn Einzelne
auch gänzlich davon abfallen, so darf man doch wegen menschlicher Unvollkommenheit eine an und für
sich so vorzügliche Sache, die sich überdies für viele
Tausende als Mittel der Heiligung bewährt hat,
nicht verdammen wollen. Zu allen Zeiten hat es
hervorragende Ordenspersonen gegeben, die man als

7

Männer und Frauen der Vorsehung bezeichnen darf. Ein höherer Beruf ist ihnen vom Himmel her zugefallen, der seine Erfüllung finden soll auf Erden. Wo eine solche Forderung Gottes beanstandet, zurückgewiesen würde von Gesetzmachern dieser Erde, wäre das nicht mehr als Despotie? Wäre das nicht ein sacrilegischer Eingriff in die Oberherrlichkeitsrechte Gottes? Und lastete da nicht zugleich der schmählichste Druck auf dem ganzen Volke? denn man bemerke wohl, nicht blos Einzelne würden sie in dem heiligsten Rechte beeinträchtigen; jeden aus uns kann Gott zu seinem besondern Dienste rufen, jeder muß eventuell die Freiheit haben, nicht blos seinem Fürsten oder Großherzoge, sondern dem König aller Könige zu folgen.

Noch einmal: eine Freiheit, bei welcher die edelste aller Freiheiten durch die Verkümmerung des Ordenslebens entzogen bleibt, das ist eine erbärmliche Freiheit, das ist ein Monstrum, welches kein sittlich gesundes Volk mit dem Namen des edelsten socialen Gutes bezeichnen wird.

Vor einer solchen monströsen Freiheit hat das liberale Belgien, hat das calvinische Holland sich entsetzt; die vereinigten Staaten Nord-Amerika's wollten wie England, das endlich in seiner Lebenskraft die Fesseln zersprengt hat, eine wahre Freiheit, und siehe, sie alle gaben den Ordensgenossenschaften und Klöstern freien Spielraum. In Amerika sind denn auch in der That alle Orden, und alle irgend bedeutende Congregationen repräsentirt; und nach dem neuesten „katholischen Almanach" gibt es in dem gewiß nicht „mönchischen" Lande des Lord Palmerston 56 klösterliche Genossenschaften von Männern und 173 Frauenklöster. Der gesunde, praktische Verstand dieser Völker hat eingesehen, daß da keine Freiheit, sondern eine schmachvolle Despotie blühe, wo man sein Vaterland verlassen muß, um nach dem Drange seines Gewissens bei einem fremden Volke ein Glück zu suchen, welches das eigene unbarmherzig verweigert.

Immer ist diese ganze, volle Freiheit nothwendig. Denn, wie ehemals und heute, so werden auch in Zukunft Forderungen aus der Tiefe der Menschenseele auftauchen, die keine weltliche Lebensverhältnisse zufrieden stellen. Glaube man nicht, daß die moderne Industrie und die moderne Kunst mit ihren großartigsten Leistungen hiefür einen Ersatz zu bieten im Stande seien. Es ist wahr, Dampfschiffe und Eisenbahnen, Luftsegler und unterseeische Telegraphen, der Kanal, welcher das mittelländische und rothe Meer zur freundschaftlichen Nachbarschaft verbindet, sowie der Riesen-Tunnel durch den Mont-Cenis: das sind große Werke der Neuzeit, und dennoch — der Mensch fühlt, daß er noch viel größer ist.

7*

Sein Herz ist wie ein Abgrund, den nichts ausfüllt;
die ganze Welt magst du darein versenken, seine Leere
bleibt dieselbe. Die zum Ebenbilde Gottes erschaffene
Seele ist eben nicht befriedigt, wenn sie nicht Gott
selbst besitzt.

Dieses Bewußtsein nährt die katholische Religion.
Und Gott, der über diese Religion wacht und ihren
Lehren von unserer Bestimmung und von der Un-
zulänglichkeit alles Irdischen das Siegel der Gött-
lichkeit aufdrückt, er läßt Ströme von Gnaden auf
gewisse Menschen herabfließen. Und siehe, mitten
aus dem Schooße des Weltgewühles, mitten aus
den Genüssen einer verkommenen, gleichgültigen Welt
gehen Einzelne hervor, deren Stirn von der Flamme
göttlicher Inspiration berührt ist. In der Zurück-
gezogenheit, in der Betrachtung ewiger Wahrheiten
schöpfen sie jene Energie der Seele, welche nothwendig ist, um, dem Hohne der Welt und ihrem Undanke
Trotz bietend, einem höhern Berufe sich zu weihen.
Die katholische Religion wird bestehen bis zum Ende
der Zeiten; und so lange sie besteht wird es solche
Menschen geben, die Gott von den Uebrigen ausson-
dert, um sie im Ordensstande durch Gebet und Auf-
opferung für menschliches Elend, durch Erziehung der
Jugend und Bekehrung heidnischer Völker zu einer
außergewöhnlichen Stufe von Heiligkeit emporzuheben.
Wenn solche Menschen sich nun leicht erkennen und

in höherer Sympathie mit einander zur Erfüllung ihrer Aufgabe sich vereinigen, wird da je von der Sphäre dieser höchsten, weil übernatürlichen, Interessen die Freiheit ausgeschlossen werden können? und das aus keinem andern Grunde, als weil die Macht in Hände von Menschen gelegt ist, die von den edelsten Regungen einer Seele nichts begreifen und die Wunder der Gnade durch polizeiliche Schlagbäume fern halten?

Nie wird eine gesunde Staatstheorie solcher Verkehrtheit das Wort reden. Seelen, die Gott selbst bevorzugt, wird sie nicht zurücksetzen; im Gegentheil, ihnen, die jedenfalls nicht das schlechteste Glied am gesellschaftlichen Körper bilden, wird sie, wie andern, wenigstens freien Raum zur Entwickelung lassen.

Wir könnten mehr fordern. Wir könnten eine positive Förderung religiöser Institutionen verlangen, dürften wir uns auf den Standpunkt der Idee eines christlichen Staates stellen. Aber diese Idee, man verweist sie verächtlich in das Gebiet, wenn vielleicht schöner, doch jedenfalls bloßer Utopien. Freilich die Wirklichkeit wird immer weit hinter unsern Idealen zurückbleiben; nichts desto weniger darf das Ringen nach möglichster Annäherung an dieselben nicht aufgegeben werden, wofern wir von der Höhe menschlicher Würde nicht allzutief herabsinken sollen. Das

enorme Gewicht angeborner Corruption wird nur
durch ideales Streben paralyſirt. In der Idee allein
iſt die volle Wahrheit. Würde man anerkennen,
daß alle Kräfte des Menſchen, die intellectuellen und
moraliſchen, die ſocialen Factoren mit eingeſchloſſen,
nur als Mittel zur Erlangung des letzten Zieles zu
betrachten ſind; — würde man ferner anerkennen,
daß der Staat keine höhere Aufgabe ſich ſtellen kann,
als die Förderung des allgemeinen Wohles, welches
in nichts Anderem beſteht, als in der höchſten wohl=
geordneten Entwicklung jener Mittel; — würde
man drittens anerkennen, daß der letzte Zweck aller
dieſer Mittel, d. h. das Endziel des Menſchen nur
in und mit dem Chriſtenthume und concret durch die
Kirche erreichbar iſt, indem ihre unfehlbare göttliche
Autorität allein für Richtung und Maß aller Be=
wegung die wahre Norm gewährt: dann würde man
unſern kalten, indifferenten Rechtsſtaat der chriſtlichen
Idee wieder mehr annähern und eine höhere Form
des chriſtlichen Staates anbahnen. Während näm=
lich unſer Rechtsſtaat die religiöſen und politiſchen
Gebiete nicht blos ſondert, ſondern in mannigfache
Oppoſition zu bringen, die unglückliche Tendenz hat,
würde dieſer chriſtliche Staat weder eine gegenſeitige
Befeindung, wie ſie im revolutionären Bureau=
kratenthume vorkommt, noch eine Theokratie, wie
ſie Gottes Abſicht mit dem auserwählten Volke ent=

sprach, darstellen, sondern ein Verhältniß gegenseitiger Freundschaft zwischen Kirche und Staat. Dieser würde mit jener auf allen Gebieten des gesellschaftlichen Lebens zur Verwirklichung der christlichen Principien Hand in Hand gehen. Das ist eine schöne Idee, und diese Idee hat das Mittelalter in seiner Weise verwirklicht. Wenn man nun auch zugeben muß, daß jenes Streben früherer Jahrhunderte nicht consequent immer und allseitig festgehalten wurde; wenn die moderne Wissenschaft und Civilisation weit über die damalige fortgeschritten ist: wäre es nicht die edelste und schönste Aufgabe eines fortgeschrittenen Staatswesens, die reicheren Erfahrungen der Geschichte und alle Vortheile der Wissenschaft und Bildung auf die möglichste Verwirklichung jener Idee zu verwenden? Wenn so von Seite der Religion Wahrheit, Gnade und Liebe, von Seite des Staates der Schutz des Rechtes und der Ordnung die menschliche Thätigkeit kräftigen und zum Ziele der höchsten Glückseligkeit hinlenken würden: wäre das nicht ein Verhältniß, an dessen Idee man wenigstens erinnern darf? — Und wenn man es für eine Utopie hält, die Realisirung des christlichen Staates weiter anzustreben, so sollte man wenigstens die davon noch übrigen Elemente nicht unterdrücken wollen; denn am Ende ist es doch wahr, daß gerade diese eine bedeutende Kraft zur Erhaltung auch des modernen Staats bilden.

Ob sich Letzteres auf die religiösen Orden und Klöster anwenden läßt, werden wir aus dem Folgenden näher ersehen.

V.

Einwürfe gegen die religiösen Orden überhaupt.

Gibt es eine providenziellere Wendung in der Geschichte, als die Sturmbewegung von 1848? — Dem Anscheine nach, und selbst laut den ausgesprochenen Absichten gewisser Parteien, sollte die Kraft der Kirche und ihrer Institutionen wie ein morsches Gebäude zusammenbrechen; und siehe! als der Sturm vorübergezogen, da hat in der von Miasmen gereinigten Luft Niemand so frei aufgeathmet, als eben diese Kirche; ihre religiösen Orden kehrten gerade in jene Länder zurück, aus denen man durch Parlamentsbeschlüsse sie auf „ewige Zeiten" verbannt hatte. Männer- und Frauenklöster erheben sich seither aus kleinen Anfängen zu einer würdigern Form, und nicht nur thätige Orden — obgleich diese vorwiegend —, sondern auch beschauliche, entwickeln sich besonders in Rheinland und Westphalen so blühend, daß man den „Finger Gottes" unmöglich verkennen kann.

„Und sie werden sich immer mehr entwickeln,

so hat die Elberfelder Zeitung vom 19. December 1863
geklagt, wenn nicht die Hand des Staates mit den
Waffen des Gesetzes ihnen entgegentritt." Daß diese
„Waffen des Gesetzes" erst noch, etwa im Revolu-
tionsfeuer, zu schmieden wären, schien das intelli-
gente Tageblatt nicht zu erkennen. Wie sehr doch die
bestehenden Gesetze, speciell in ganz Preußen, die
Klöster, wie jede friedliche Familie, in unzweifelhaf-
ten Rechtsschutz nehmen! Eben dieser Rechtsschutz,
mit dem eine hohe Regierung durch eine fünfzehn-
jährige Praxis Ernst gemacht hat, soll ja nichts Anderes sein, als eine staatsgefährliche „Connivenz",
die man mit entehrenden Prädicaten signalisirt.
„Daß — so fährt die genannte Zeitung fort — die
gerügte bisherige schwächliche und principlose Connivenz nicht im Interesse unseres Staates liegt, daß
es seinem Interesse nicht entspricht, — sei es das
unthätig beschauliche Leben der Klöster und Congregationen, welches ihm nützliche Hände entzieht, —
sei es die in ihrem Wesen liegende Polemik gegen
andere Confessionen, welche sich zahlreich, den König
an ihrer Spitze, in unserm Staate vertreten finden,
— sei es endlich die Ansammlung eines großen Vermögens in der todten Hand unter falschem Namen
zu begünstigen und eine Miliz für ultramontane
Tendenzen, in dem sich immer wieder erneuernden
Streite zwischen Staat und Kirche sich bilden und

bestehen zu lassen, liegt in der Natur der Sache. Glaube man nicht, daß man dem katholischen Theile der Bevölkerung die politischen Zügel desto straffer halten könne, wenn man ihm die religiösen schießen lasse."

Wozu diese letzte Warnung vor der katholischen Bevölkerung? — Die Verdächtigung weisen wir jener Partei zurück, welche die Staatsregierung, wie diese selbst wissen muß, in die schwierigste Lage hineindrängt. Derselben Regierung kann nicht wohl unbekannt sein, daß der Geist der katholischen Kirche ein gesetzlicher Geist ist; je mehr er sich frei entwickelt, desto fester wird die Grundlage der staatlichen Ordnung; denn gerade er führt die Anerkennung der Autorität, Unterthanentreue und Gehorsam gegen die rechtmäßige Gewalt nothwendig mit sich. Bei gewissen Geheimbünden ist es anders. Sie sind principiell gegen die Autorität; sie mißbrauchen thatsächlich die Freiheit; denn aus ihnen, nicht aus der katholischen Bevölkerung, recrutirt sich vorzugsweise die revolutionäre Propaganda, die, wie Hamlet's Geister unter und über der Erde in Thätigkeit, an allen Grundlagen des europäischen Staatenthumes rüttelt, um endlich aus seinen Trümmern eine ganz neue Welt aufzubauen.

Kommen wir jetzt auf die vom Gegner angedeuteten Einwürfe gegen die religiösen Orden.

Diese bilden „eine Miliz für ultramontane Tendenzen" mit einer „in ihrem Wesen liegenden Polemik gegen andere Confessionen." Diese erste Anklage
entstammt einer entschwundenen Zeit, und obwohl
sie schwerlich mehr von ihren Urhebern geglaubt wird,
muß sie dennoch, in Ermangelung besserer Waffen,
hie und da noch aushelfen.

Die zweite Anklage geht gegen „die Ansammlung eines großen Vermögens in der todten Hand";
und drittens heißt es: „die Klöster entziehen dem
Staate nützliche Hände"; — beide Anklagen sind,
schon wegen ihrer materialistischen Signatur die
Schooßkinder unserer industrieseligen, modernen Zeit.

Nun mit diesen Anschuldigungen an's Licht!

1. Die religiösen Orden bilden „eine Miliz
für ultramontane Tendenzen". Was meint man
für Tendenzen?

Bezeichnet man so die Absichten der römisch-
katholischen Kirche, die Bestrebungen, welche sie hat
und haben muß in Folge ihrer göttlichen Sendung,
um das Reich Jesu Christi über die ganze Erde zu
verbreiten, um allen Völkern die Eine göttliche Wahrheit, den Einen, von Christus vorgezeichneten Weg
des Heiles in Wort und That zu offenbaren und
durch die entsprechenden Gnadenmittel zum Leben
der Glorie, zur Miterbschaft Jesu Christi zu führen?
— Wir möchten es glauben, da man den „Katho-

lizismus" ohne Unterlaß mit dem claſſiſchen Stich
worte „Ultramontanismus" — bisweilen auch als
„Jeſuitismus" — der Leidenſchaft denuncirt. Wohlan,
ſo verſtanden iſt die Behauptung wohl gegründet;
nur ſieht leider jeder Unbefangene hier den größten
Ruhm der religiöſen Orden, nicht eine Anklage; und
der gehäſſige Ausdruck, deſſen man ſich bedient, um
eine Anklage daraus zu ſtempeln, conſtatirt immer
und immer nur die leidenſchaftliche Tendenz derjenigen, welche ihn vorbringen.

Ja, die Orden ſind eine Miliz der katholiſchen
Kirche. Folgerichtig ſind denn auch die Intereſſen
dieſer Kirche die eigentlichen Intereſſen der religiöſen
Orden; denn ſie leben ja mit und in der Kirche,
aus derſelben Quelle ihre Kraft ſchöpfend, aus Jeſus Chriſtus und dem von ihm geſendeten Tröſter,
dem h. Geiſte. Darum liegt es auch „in ihrem Weſen", überall die Anerkennung dieſer h. Kirche zu
fördern und die vielfachen, gegen ſie verſuchten Angriffe abzuwehren. Auf dieſe Abwehr hinaus läuft
denn auch die ganze „in ihrem Weſen liegende Polemik gegen andere Confeſſionen". Wieder nur ein
gehäſſiger Ausdruck, um durch eine abſcheuliche Verdrehung das Recht in Unrecht zu verkehren. Denn,
wenn „Polemik" nichts Anderes iſt, als „Bekriegung"
und zwar eine gehäſſige, ſo fragen wir im Namen
einer Geſchichte von drei Jahrhunderten, wie im

Namen der heutigen Erlebnisse, ob diese Polemik von Seite der Orden gegen die andern Confessionen, oder von Seite dieser Confessionen gegen die Orden der katholischen Kirche geführt werde? Auf welcher Seite ist der gehässige Angriff? auf welcher die sittlich nothwendige Vertheidigung? Ueben diejenigen Polemik, die bei jeder Gelegenheit in Ausfällen gegen die römische Kirche, in Verdächtigungen gegen das katholische Volk sich ergehen? welche den Papst als den „Antichrist" verhöhnen, Schmähschriften unter den Katholiken verbreiten, abgefallene katholische Priester als Bundesgenossen, als „Männer von Charakter und Intelligenz" bejubeln; Unglück, Geldverlegenheit, Hausdienst benutzen, um durch allerlei Verführungskünste die Katholiken zum Abfall von ihrem Glauben zu bringen? — oder üben die religiösen Orden Polemik, wenn sie die katholische Kirche gegen diese Befeindung in Schutz nehmen; immer nur die alte, wohlbekannte katholische Lehre in den katholischen Kirchen für das katholische Volk predigen? Man hat namentlich dem Jesuitenorden den Vorwurf gemacht, daß sein ganzes Wesen, sein Ursprung und Zweck „Feindseligkeit gegen den Protestantismus" sei. Es ist allerdings wahr, wäre der Protestantismus nicht gegen die römische Kirche Sturm gelaufen, so hätte Gott dieser Kirche keine solche Schutzwehr zu geben gebraucht.

Wer will es aber einer braven Truppe zum Vor=
wurf machen, wenn sie ihrer Aufgabe sich bewußt ist
und vorkommenden Falls tapfer ihre Pflicht thut?
Auch der Jesuitenorden ist eine Miliz der katholischen
Kirche, nur zur Vertheidigung, nicht zum Angriff be=
stimmt; sein Zweck, auf welchen auch seine ganze Or=
ganisation hinweist, besteht einfach darin, „nicht blos
dem Heile und der Vervollkommnung der eigenen
Seelen mit der göttlichen Gnade obzuliegen, sondern
mit derselben auch an dem Heile und der Vervoll=
kommnung des Nächsten kräftig zu arbeiten."*) Man
durchforsche alle die Gegenden, in denen die Jesuiten
ihre Wirksamkeit entfaltet haben; sie sind überall
beobachtet worden; man hat ihre Predigten noch in
frischem Gedächtnisse; man wird uns keinen Jesuiten
nennen können, der eine eigentliche „Polemik" ge=
trieben hätte, wie sehr sie dieser auch zur Zielscheibe
gedient haben; hat man doch im Gegentheil ihnen
schon vorgeworfen, daß sie sich gegen die ewigen Ver=
leumbungen nur zu selten vertheidigen und über=
flüssige Sanftmuth üben. Nach dem Jahre 1848
haben gerade sie, nebst andern Ordensgeistlichen,
durch ihre Missionen nicht wenig zur Beruhigung

---

*) „Finis hujus Societatis est, non solum saluti et per=
fectioni propriarum animarum cum divina gratia vacare, sed
cum eadem impense in salutem et perfectionem proximorum
incumbere." Reg. 2. Summarii Constitutionum.

Deutschlands beigetragen, und selbst Protestanten, die sich unter den Zuhörern oft zahlreich eingefunden hatten, haben eingestanden, „daß hier nichts, was ihnen feindlich sein könne, vorgekommen sei, sondern ein wahrhaft evangelischer Geist in apostolischer Einfachheit und Kraft sich offenbart habe."

Aber noch etwas dürfte an den religiösen Orden vielleicht mißfallen. Wie sie nämlich thätig sind zur Wahrung und Förderung der geistigen Herrschaft der Kirche, so kämpfen sie auch für die weltliche Herrschaft des Papstes mit allen den Mitteln, welche geistlichen Gesellschaften zu Gebote stehen. Sie gehen hier von der Ansicht der Päpste, der Bischöfe, der gelehrtesten Laien, wie des gesammten gläubigen katholischen Volkes aus, daß der Nachfolger des h. Petrus die ihm anvertraute Heerde nicht mit der erforderlichen Freiheit weiden kann, ohne die völlige Unabhängigkeit in weltlicher Rücksicht. Also wieder eine „Miliz für ultramontane Tendenzen!" — Wenn gewisse Leute darüber zürnen, so können wir nicht helfen; sie aber mögen doch einmal zu einer billigern Auffassung der katholischen Kirche sich erschwingen, wie sie z. B. Leo in Deutschland und in Frankreich Guizot*) kund gegeben

---

*) Neben die „ultramontanen" Katholiken stellen wir einen echten Protestanten. In der berühmten Schrift „Die christliche Kirche und die christliche Gesellschaft im J. 1861" sagt Guizot: „Der

haben und die wir täglich bei Protestanten finden, die durch Geist und Charakter über das gemeine Niveau hervorragen.

Gehen wir weiter. Sollen die „ultramontanen Tendenzen" vielleicht etwas Anderes bezeichnen, gar eine „selbstsüchtige römische Politik", welcher die Orden zu dienen haben? — Dann enthält die Anklage eine Verleumdung gegen den römischen Stuhl, wie gegen die religiösen Orden.

Soviel wir Katholiken von der Sache verstehen,

---

doppelte Charakter des Papstthums (d. h. als Spitze nicht blos der geistlichen Herrschaft der Kirche, sondern auch einer weltlichen Souveränetät) ist eine durch die Jahrhunderte geheiligte That-sache; dieselbe hat sich durch alle Wandelungen, alle Kämpfe und Zerwürfnisse des Christenthums hindurch entwickelt und behauptet und bildet zwar nicht den ganzen katholischen Glauben, wohl aber wesentlich die katholische Kirche. Und an diese Thatsache glaubt man gewaltsame Hand anlegen, sie je nach Gefallen umgestalten, ja selbst vernichten zu dürfen, ohne die religiöse Freiheit der Ka-tholiken anzutasten! Man will das geistliche Oberhaupt der katho-lischen Kirche einer Eigenschaft, eines Verhältnisses berauben, wo-rin sie seit Jahrhunderten die Bürgschaft ihrer Unabhängigkeit er-blickt, und behauptet daneben, daß man den Katholizismus nicht verstümmele, nicht in Fesseln schlage! Ja, noch mehr; man be-weist, daß die katholische Kirche nie frei gewesen sei, jetzt aber solle sie es werden; man proclamirt im Namen des Staats das Princip der freien Kirche, während der Staat der Kirche ihre Constitution und ihre Behausung raubt! . . . ein gleiches Beispiel von anmaßender und tyrannischer Leichtfertigkeit, in welche hervorragende Geister verfallen, wenn sie sich dem Taumel des Ehrgeizes und des Erfolges über-lassen, ist mir in der Geschichte nicht bekannt." S. 29.

beabsichtigt die Politik Rom's in erster Linie die ewige Wohlfahrt der Völker und ihr zunächst dann für diese Welt eine „katholische Civilisation", die freilich, auf die Heilighaltung göttlicher und menschlicher Rechte sich gründend, den Grundsätzen von 1789, sowie denen des heutigen Liberalismus nicht entspricht und deshalb auch die Befeindung mächtiger Gewalthaber sich zugezogen hat. Die Vorsehung dürfte übrigens den Streit bald zur Entscheidung bringen. Dann wird sich herausstellen, ob bei der Politik des römischen Stuhles die Völker besser fahren, oder bei den Arrondirungsprincipien der Tuillerien und bei dem, von Lord Palmerston inspirirten, Fortschritts- und Nationalitätsschwindel.

Wir kennen keine „ultramontane Tendenzen", die nicht aus dem Evangelium selber fließen. Gäbe es andere, gäbe es Tendenzen der Intrigue, der Hab- und Herrschsucht, wahrlich, dann würden sie an den religiösen Orden eine schlechte Miliz haben. Immer hat das Ordenswesen eine sittenrichtende Stellung in der Kirche behauptet. „Schon in dem Dasein der Mönche an sich, sagt Möhler,*) war dem unwürdigern Theile des Clerus ein Gerichtshof aufgestellt, dessen Urtheile, wenn auch stumm, beständig gegen ihn gefällt wurden."

Die Orden sind eine Miliz Jesu Christi und

---

*) Aufsätze, II. 217.

eine Miliz chriſtlicher Tendenzen. Dieſe verwaltet
hienieden jenen Dienſt, den die „militia Angelorum"
im Himmel übt. Nicht die Diplomatie der Päpſte
hat Männer und Frauen zum Ordensleben beſtimmt;
dazu genügte jenes Wort des göttlichen Heilandes,
mit dem er das gemeinſchaftliche Gebet empfiehlt
und mitten unter denen zu ſein verſpricht, die es in
ſeinem Namen verrichten. Die Päpſte vermögen aus
ſich nicht der geringſten Ordensgenoſſenſchaft dau-
erndes Leben einzuhauchen; aber eben ſo wenig können
ſie je deren Lebensthätigkeit für ſich mißbräuchlich
ausbeuten. Damit würden ſie deren Geiſt, welcher
allein von Gott kommt, und damit das Leben und
den Beſtand eines Werkes Gottes, dem ſie nur die
Approbation ertheilen, ſofort vernichten.

Weder Geſchichte noch Philoſophie rechtfertigt
die boshafte Verdächtigung der Gegner. Oder wie?
alſo niedrige Werkzeuge einer ſelbſtſüchtigen Politik
ſollten alle die großartigen klöſterlichen Inſtitutionen
geweſen ſein? ſie, die Väter der Wüſte, die h. h. Jungfrauen in den Einöden des Orients, die Abteien und
Klöſter des Abendlands? — alle dieſe ruhmvollen Orden und Genoſſenſchaften, welche nichts Anderes be-
zweckten, als die Losſchälung von zeitlichen Sorgen,
die Weltentſagung, die höchſtmögliche Heiligung ihrer
Glieder und oft genug die Befreiung der menſchlichen
Geſellſchaft von irgend einem großen Bedürfniſſe? —

„Eine Thatsache, sagt Balmes, die so allgemein,
so groß, so wohlthätig ist, läßt sich durch das ge=
meine Interesse, durch engherzige Plane und Ab=
sichten keineswegs erklären. Deren Ursprung liegt
höher, denn er ist edler, und wer ihn nicht im Himmel
selbst sucht, muß ihn wenigstens in etwas suchen,
das viel größer ist, als menschliche Projekte und die
Politik eines Hofes; er muß hohe Ideen, erhabene
Gesinnungen befragen, solche, die, wenn sie nicht bis
zum Himmel emporreichen, wenigstens einen großen
Theil der Welt zu umfassen im Stande sind; hier
braucht es nichts weniger, als einen jener großen
Gedanken, welche die Geschicke der menschlichen Ge=
sellschaft leiten."*)

Solche Gedanken sind die großen, „das Antlitz
der Erde erneuernden" Gedanken jenes Einzigen der
Menschensöhne, welcher zugleich Gott war. Er war
gekommen, um Feuer auf die Erde zu bringen;
wenn er seine Gedanken aussprach, so zündeten sie.
Und seine Gedanken sind zugleich sein Leben, und
sein Leben sind Beispiele, die Millionen mit sich fort=
reißen. Das Leben des Erlösers ist die Eine, gött=
liche Quelle, aus der alles Ordensleben mit seiner
wunderbar schönen Mannigfaltigkeit entsprungen ist.

*) Der Protestantismus verglichen mit dem Katholizismus.
Bd. II. Kap. 38.

„Wenn Christ einen Nachfolger und Schüler Christi
bedeutet, einen, der seines Meisters Beispiel als ein
vollkommenes Vorbild betrachtet, so muß und wird
es unter denjenigen, welche diesen Namen tragen,
Viele geben, welche freudig Alles nachahmen, was
Er gethan hat. Allen mag das nicht gegeben sein,
so wenig es Allen gegeben ist, Ihm in Seinem Amte,
in Seinen Leiden oder in Seinen geistigen Vor-
rechten zu gleichen. Aber wie Sein Vorbild in keinem
Seiner Jünger ganz erreicht ist, wie Johannes Ihm
am nächsten kam in der Liebe, Petrus in der Würde,
Paulus in der Beredsamkeit, Jakobus im Gebete,
Andreas im Tode, und wie in spätern Zeiten Seine
sakramentale Gnade in Seinen Priestern fortlebt,
Seine Geduld in den Märtyrern, Seine Vereinigung
mit Gott in den h. h. Jungfrauen, so läßt sich auch
wohl erwarten, daß wir bei einer Klasse Seiner auserwählten Nachfolger die Liebe zur Armuth, die Ver-
zichtleistung auf weltliche Pracht und die Gering-
schätzung leiblicher Behaglichkeit finden. Der Heiland
ist eine Quelle strahlenden Lichtes, die Sonne an
dem geistigen Himmel der Kirche; die Strahlen, welche
in Ihm concentrirt sind, vertheilen und zerstreuen
sich über die Erde; der eine findet in der einen,
der andere in einer andern Seele seinen Wider-
schein; in allen zusammen sehen wir wieder Sein
Bild, aber jede einzelne Seele strahlt nur Einen

Strahl glänzend zurück, wenn sie auch viele in sich aufnimmt."*)

Das versteht die katholische Kirche; sie weiß, daß diejenige, welche die wahrhafte Braut Jesu Christi sein will, alle Seiten seines göttlichen Lebens in ihren Gliedern ausprägen soll. Da hat denn auch jene Begeisterung für die Armuth und Niedrigkeit des verbreitetsten aller Orden ihren Ursprung. Der Orden des h. Franziskus ist ein Lieblingsorden des katholischen Volkes; er redet von den schwersten Lehren des heiligen Evangelium zu ihm mit der lieblichen, sanften Sprache der Werke und des Beispiels. So der populäre Kapuziner, barhauptig und barfuß, und bei der Strenge der eigenen Regel doch so freundlich gegen Jedermann. Freilich, sein Beispiel der Armuth und Entsagung hat man mit gemeinen Ausdrücken gelästert, aber damit doch nur ein neues Zeugniß ausgestellt, wie unlauter man das „lautere" Evangelium verstehen könne. Unter dem armen Kapuzinerhabite haben wir Männer von hochadeliger Herkunft gesehen. Sie waren gewöhnt an die Bequemlichkeiten höherer Stände, aber wenn sie auf Christus hinblickten, der ein Leben der Armuth, Niedrigkeit und Verfolgung führte; wenn sie auf Maria, seine jungfräuliche Mutter schauten, wie sie das harte Leben des Erlösers theilte, so glaubten sie aus dem

---

*) Wisemans vermischte Schriften, Abth. 2. S. 157.

h. Evangelium eben schließen zu dürfen, wie der Heilige von Affifi, „wenn Jesus Christus Armuth und Noth für sich und die, welche er am meisten liebte, erwählt hat, so müssen ihm auch diejenigen gefallen, welche aus Liebe zu ihm einen gleichen Lebensstand erwählen."*)

Gott sei Dank! Noch lebt dieser demüthige, ab= getödtete Geist fort in den Söhnen des lieben, heiligen Franziskus. Die Kinder einer hochmüthigen Zeit werden ihn verachten, weil sie abgefallen sind vom

---

*) Cardinal Wiseman schildert in der eben citirten Schrift, 600 Jahre uns in der Zeitrechnung zurückverfetzend, die Motive des Ordensstifters der „Minder=Brüder" also:

„Wir sehen eine Schlucht am Abhange eines Berges, in welcher, wiewohl sie sehr steil und anscheinend durch einen alten Gießbach ausgehöhlt ist, selten ein Tropfen Wasser herabfließt, in deren Gebüsch kein Sänger des Waldes sich verliert. An einer Seite dieser düstern Schlucht ist in ihre grauen Felsen eine Woh= nung halb hineingebaut, halb ausgehöhlt, die zu der angegebenen Zeit gerade fertig geworden war. Die Bewohner sind gerade am Tische; treten wir bei ihnen ein. Ihr Speisesaal ist niedrig, dunkel und dumpf; denn eine Wand desselben bilden die Felsen. Alles Andere harmonirt damit: die Tische und Geräthe sind kaum weniger rauh, und was auf den Tischen steht, paßt genau dazu: einige Kräuter aus dem unfruchtbaren Garten, möglichst grobes Brod und saures Getränk machen das Mahl aus. An den Tischen sitzen junge und alte Männer, alle einfach gekleidet, alle ernst und demüthig. Nur Einer sitzt allein und liest denen, die essen, vor. Hören wir auf seine Worte, welche die Aufmerksamkeit Aller zu fesseln und ihr einfaches Mahl zu würzen scheinen. Liest er aus der „Romanze von der Rose" vor? Oder aus Minneliedern, die von ritterlichen Thaten erzählen, oder von einer edeln Dame auf ihrem schmucken Zelter, begleitet von einem tapfern Ritter? Es ist

demüthigen Geiste des Heilandes selber; aber jene dürfen sich darum glücklich schätzen: es gibt keine Ausgleichung zwischen Christus und Belial.

Kommen wir zum zweiten Bedenken gegen die Klöster: die Ansammlung eines großen Vermögens in der todten Hand.

„Todte Hand" — das ist hier einmal nicht eine gehässige Verdrehung der Gegner, sondern ein alter, juristischer Terminus. Im canonischen Rechte versteht man unter „todter Hand" (manus mortua, main

---

allerdings etwas der Art, aber viel, viel lieblicher. Er liest aus dem Buche der Bücher, wie in einem kalten Winter eine zarte Jungfrau auf einem Esel von Nazareth nach Bethlehem reitet, begleitet von einem armen Zimmermanne, und wie sie am Ende ihrer Reise in einem Stalle ein Unterkommen finden. Bei dieser einfachen Erzählung seht ihr den, welcher obenan sitzt, seinen Teller zurückschieben und sich von seinem harten Sitze erheben, vor Rührung zitternd, die Hände krampfhaft gefaltet, die Augen in Thränen schwimmend. Was hat diese Rührung veranlaßt? Er kommt sich selbst wie ein Feigling vor, wie ein verwöhnter, verweichlichter Mensch, wie einer, der prächtig wohnt, üppig gekleidet ist und überreichlich zu essen hat, ja, wie der reiche Prasser im Evangelium, wenn er sich vergleicht mit ihr, welche zart und rein, wie die Lilie, die sich über das Schneeglöckchen neigt, das himmlische Kind anbetet, welches eben in dieser Stunde gekommen ist, Kälte und Armuth mit ihr zu theilen. Darum wirft er sich beschämt und demüthig auf den rauhen Boden seines Speisesaals nieder, und weinend und seufzend ruft er aus: „Wehe mir! die Mutter meines Gottes sitzt auf dem Boden und ich sitze bequem am Tische! Mein Erlöser ist ein armes, verlassenes Kind, und ich sitze bei einer reichlichen Mahlzeit!" — Das war ein Commentar zu dem vorgelesenen Abschnitte aus der heiligen Schrift und gewiß ein praktischer Commentar."

morte, gens de main morte) Kirchen, kirchliche Anstalten und geistliche Corporationen, wie Klöster,
namentlich die Mendicantenklöster, deren Güter und
Besitzungen entweder gar nicht oder doch nur schwer
veräußert und so in „lebendigen" Verkehr gebracht
werden dürfen. Die Uebertragung des Vermögens
an dieselben, da es jenem Verkehre gleichsam abstirbt,
nannte man „Amortisation". Wir wollen noch hinzufügen, daß diese Uebertragung in den einzelnen
Staaten mannigfach seit früher Zeit schon durch s. g.
Amortisationsgesetze beschränkt war, wobei die Regierungen durch politische, polizeiliche und ökonomische
Rücksichten geleitet wurden. Immer jedoch sammelte
sich still oft ein bedeutendes Vermögen in der
„todten Hand" der kirchlichen Stifte und Klöster,
bis die Klosterstürme des Josephinismus, des Jako-
binerthumes und der Säcularisation durch ihre berühmten Gewaltacte damit gründlich genug aufge-
räumt haben.

Hat man nun wirklich so entscheidende Gründe,
um gegen die Rückkehr der „todten Hand" zu protestiren?

Nichts Grundloseres, als die Furcht vor dieser
Rückkehr bei den Klöstern. Es gibt heute nicht einmal einen Anfang zum Reichthume der Klöster. Wo
hat denn die Säcularisation unter jeder Form, die
Freischärlerei, der Radicalismus, wo hat die „knappe"

Staatsbureaukratie etwas übrig gelassen? Die großen Schenkungen der Kaiser, Könige und frommen Ritter, die einst die Gotteshäuser bereicherten, sind heute auch nicht zu fürchten. Die religiösen Genossenschaften unserer Tage sind sehr arm. Was die einzelnen Glieder mitbringen, ist so wenig, daß sie in der Regel damit in der Welt sich nicht durchbringen könnten. Sie leben zuerst von ihren eigenen Opfern, dann von der großmüthigen Wohlthätigkeit der Gläubigen. Damit bestreiten sie ihre Auslagen für Nahrung und Kleidung, für Reparaturen, für Kirchen und Schulen. Der Bau eines Klosters, die Gründung einer neuen Anstalt, die Anschaffung von Büchern und andern wissenschaftlichen oder artistischen Hülfsmitteln u. s. w., sowie Abgaben und Steuern, denen sie ja in der Regel unterworfen sind, werden nie große Capitalien sich anhäufen lassen. Oft reichen die Mittel für die nothwendigsten Bedürfnisse nicht einmal aus. Und noch vergißt man andere Bedürftige dabei nicht. Jeder billige Mann, der das Leben und Wirken eines Klosters in unsern Tagen kennen gelernt hat, möge urtheilen, ob jene Gaben der Wohlthätigkeit irgendwo eine „lebendigere", weil zum Geben sich leichter öffnende Hand finden konnte, als in den Klöstern. Wir fragen die Armen, vor welche Thüren sie am liebsten zurückkehren? Wir fragen die dürftigen Kirchen und Mis-

fionen, woher ihnen die meiſten Unterſtützungen zu-
fließen? Wir fragen die Schulanſtalten, die Waiſen-
häuſer, die Spitäler, woher die lebendigſten Hände
kommen?

Leiden wir denn nicht auch ſeit der Beſeitigung
der „todten Hand“ an der Calamität, die man abzuwenden ſich den Anſchein gibt? Iſt es nothwendig,
erſt zu conſtatiren, wie ſeit der Säculariſation die
übermäßige Anhäufung des Vermögens in Flor gekommen? — Freilich, wie geſagt, nicht in der
„todten Hand“ der Klöſter, ſondern in den Händen
der Induſtrie. Liegt nicht eben hier ein Grundübel
unſerer heutigen ſocialen Zuſtände? Der Reichthum centraliſirt ſich, und in demſelben Maße entwickelt ſich nach der Peripherie zu ein Pauperismus,
der alle Kunſt der Staatswirthſchaft zu Schanden
zu machen droht. Die Arbeiterkriſen in England,
in Paris und Lyon werden immer furchtbarer ſich
wiederholen, wenn man nicht aufhört, ſo ausſchließ-
lich auf die Induſtrie zu vertrauen.

Wir glauben nun, eine große Anſammlung des
Vermögens wird auch bei geordneten Zuſtänden nie
ganz zu vermeiden ſein; ſie iſt ſogar eine ſociale Nothwendigkeit. Wie in geiſtiger Beziehung es glänzende
Genie’s und hervorragende Charaktere geben muß,
um ein ganzes Volk in einer gewiſſen Höhe der Ci-
viliſation zu erhalten, indem tauſend minder Begabte

sich an sie anlehnen und gleichsam an ihrem Reichthume Theil nehmend, eines moralischen Wohlstandes sich erfreuen: so müssen in materieller Rücksicht
Einige die Herren großer Besitzungen und Capitalien
repräsentiren. Eine gewisse Centralisation des Vermögens wird allein große landwirthschaftliche und
commercielle Unternehmungen ermöglichen und dem
begüterten Wohlstande eines Landes einen sichern
Anhalt verleihen.

Ehemals sammelte sich das große Vermögen oft
in der „todten Hand" der geistlichen Corporationen;
heute sammelt es sich in der Hand der Industriellen
und Börsenmänner.

Ehemals waren die Uebelstände dieser Ansammlung unbedeutend und eigentlich nur die nothwendige
Folge aller menschlichen Zustände; heute ist die industrielle Speculation auf großen Erwerb ein wachsendes Ungeheuer, das alle Errungenschaften der
Civilisation und Cultur zu verschlingen droht.

Woher dieser ungeheure Unterschied der Folgen?

Von dem immensen Unterschiede, der an den
Ursachen haftet. Die „todte Hand" der geistlichen
Corporationen war eine religiöse, die einen höhern
geistigen Zweck verfolgte; die Hand der Industrie
ist allzuhäufig eine irreligiöse, die über materialisti-
sches Wohlsein hinaus nichts Höheres anstrebt.

Damit ist auch angedeutet, nach welcher Seite

die Reform nothwendig ist. Ihr unberufenen An-
wälte des öffentlichen Wohlstandes, die heutige Ansammlung großer Besitzungen und Capitalien ist ein
großes sociales Uebel; so fanget denn die Heilung
bei euch selber an!

Ferne sei es von uns, den Werth der indu-
striellen und mechanischen Erfindungen, woran unsere
Zeit reich ist, zu verkennen. Gott hat Allem seine
Zeit bestimmt: jetzt ist es die der Industrie. Sie
ist Gottes Gabe, und auch an ihr können wir die
Spuren seiner erfindungsreichen Liebe bewundern.
Gott ist groß in allen seinen Werken.

Aber eben diesen Gott mit seiner Größe und
seiner Liebe wollen so viele Männer der Industrie
nicht anerkennen. Er bildet keinen Factor in ihren
Rechnungsproblemen und Speculationen. Diese von
Gott ab- und ausschließlich der Materie zugewandte
Industrie und Geldsucht haben wir hier im
Auge.

Die Schwierigkeit der hier einschlagenden Fragen
ist uns wohl bekannt, und wir sind weit entfernt
davon, eine Lösung versprechen zu wollen; nur einige
Streiflichter mögen uns durch Vergleichung der
frühern Zeit der Klöster mit der heutigen der Bör-
sen und Fabriken gestattet sein.

Sagen wir zuerst, was oben schon angedeutet
wurde: bei der „todten Hand“ der Klöster zeigte

sich keine Spur von den bedenklichen Erscheinungen
des Pauperismus; heute droht die Armuth unauf-
haltsam Alles zu überwuchern. Die Klöster waren
Quellen eines weitverbreiteten Wohlstandes; die Landwirthschaft — die praktische, nicht die rationelle —
kam durch sie zu großer Blüthe, und der Segen
davon ergoß sich über ganze Gegenden; denn die
Hand der Klöster schloß sich nicht egoistisch zusammen, sondern sie öffnete sich und theilte mit. Egoistisch
war der Staat; er wollte den Besitz der Klöster für
sich haben und säcularisirte. Aber wir fragen: ist der
Staat nicht in Schulden und Armuth fast bodenlos
versunken, seitdem er sich den kolossalen Reichthum an-
geeignet hat? Als jene Reichthümer im Besitze geistlicher Corporationen waren, da hatte der Staat für
alle große Bedürfnisse wohlhabende Contribuenten;
seitdem jene Güter in die Hände des Staates und
aus diesen großentheils in die Hände der Juden gekommen, sind alle Staaten diesen gleichsam tribut-
pflichtig, und es ist die beste Aussicht vorhanden,
daß das Geld, dieser Nerv des Friedens und des
Krieges, im modernen Staat künftig für diesen nur
von der Gnade der Juden abhängt, und damit der
Staat selbst, wie einst die Philister, dem Judenvolke
überliefert ist. Was bedeutet das? Haben wir da
nicht noch mehr, als eine blos natürliche Folge?
Blickt da nicht eine Art göttlicher Wiedervergeltung,

eine Strafe durch), weil in der Befeindung der „todten Hand" ein sociales und sittliches Recht verletzt wird?*)

Vom armen Staate gehen wir zum armen Volke. Betrachten wir z. B. England, wo der Gegensatz der heutigen Zustände zu den ehemaligen in schärfern Umrissen zu Tage tritt.

Cobbet,**) Mitglied des brittischen Unterhauses, bekannt durch die „Geschichte der protestantischen Reform", hat folgende Erklärung in Leeds Hause öffentlich angeschlagen: „Engländer, hört! In katholischen Zeiten waren keine Arme in England. Die Katholiken erhielten die Dürftigen, die Alten, die Witwen und Waisen, die Fremden und die Kranken aus den Zehnten und andern Einkünften der Kirche... In den damaligen glücklichen Zeiten waren keine Armentaxen und Arbeitshäuser."***) Warum nicht? Man hatte die Wohlthätigkeitsanstalten der geistlichen Corporationen, man hatte besonders die Klöster mit der „todten Hand."

Die englische Reform hat die Scene verändert. Aus der „todten Hand" ging der Besitz über in die Hand des Staates und der Würdeträger der eng-

---

*) Vgl. Hist. pol. Bl. 28. B.   S. 152.

**) Er starb 1835 als Protestant.

***) „Workhouses" sind in England fast so viel wie „Strafarbeitsanstalten", worin die Armen für ihre unverschuldete Armuth büßen.

lischen Hochkirche, welche die Renten davon in frem-
ben Ländern verzehren. Und die Folge? — war ein
Pauperismus, den man nicht glauben könnte, wenn
er nicht durch öffentliche Actenstücke bezeugt wäre;
so enorm ist er. Aus den Verhandlungen des
Parlaments von 1830 schon — und die Noth ist
seither immer gewachsen — erfahren wir, daß in
einem Londoner Kirchspiele 50 Familienväter mit
dem Gefängnisse bedroht wurden, weil sie, nach
Verpfändung ihres ganzen Hausgeräthes bis auf das
Bett, den Rest der Armentaxe nicht zahlen konnten.
Wie groß muß die Zahl der Armen, wie entsetz-
lich ihr Elend sein, wo man zu ihrer Unterstützung
zu solchen Extremen getrieben wird! Diese Taxe
soll in einigen Gegenden dem vollen Ertrage des Bo-
dens gleichkommen, und die Eigenthümer haben nur
die Servitut, ihn für die Armentaxe zu bebauen.
So kommt es denn, daß, z. B. in Schottland, die
Ländereien, als seien sie verpestet, verlassen werden,
wüst und unbebauet, dem Auge nur das Bild eines
Landstriches bietend, den die Schrecken der Natur
verödet haben.*)

Arme hat es freilich zu allen Zeiten gegeben;
aber zur Zeit des großen Besitzthumes der Klöster
fanden sie daselbst leicht Nachsicht, Trost, Hülfe und
Unterstützung. Die Armen kamen nicht so in die

---

*) Vgl. Hist. pol. Bl. 1838. S. 154.

äußerste Noth, wie bei der jetzigen Anarchie einer sogenannten freien Concurrenz, d. h. bei dem fast absoluten Rechte der Capitalisten zur Ausbeutung der ärmern Klassen.

Ist es nicht wahr, daß Wucher, Bankerotte, Schuldeneintreibungen die Zahl der Armen jetzt täglich vermehren, statt daß die Mildthätigkeit der großen Besitzer sie vermindert? Ist es nicht wahr, daß die Geldherrschaft der industriellen Schwindler und Börsenmänner eine kalte, starre, eine „todte" Hand hat? — Ja, noch mehr, ist diese Hand nicht allzuoft eine positiv grausame? Ohne Milde und Erbarmen treibt sie ihre Wucherprocente ein; ist der Termin verfallen, drängt sie nach wenigen Tagen schon mit Excitatorien und erzjüdische Speculation erspäht oft den Augenblick, wo der Schuldner sich der sorgenlosesten Ruhe hingibt; dann stürzt man auf sein harmloses Opfer.

> . . . . Quid non mortalia pectora cogis,
> Auri sacra fames?[*]

Ist es nicht diese „fluchwürdige Geldgier", was über kurz oder lang die ungeheuersten Katastrophen in Aussicht stellt? Sie treibt ja zu einem Mißbrauche des Eigenthumes, welcher die Armen längst schon zu einem wahrhaften Guerrillas-Kriege gegen die Reichen aufstachelt. Zahllos ist die Menge der Betrügereien

[*] Virg. Aen. III, 56.

und Diebſtähle, welche der Strafrechtspflege völlig
entgehen; die ganze Baſis der jetzigen Geſellſchaft
wird dadurch immer mehr unterwühlt, und die De=
moraliſation des größeren Theiles der Bevölkerung
hat in induſtriellen Gegenden bereits einen ſolchen
Grad erreicht, daß die früher ſo berühmte Ehrlichkeit
der ärmern Klaſſen einem eben nur wie „ein Mährchen
aus alten Zeiten" vorkommt. Kann man denn läugnen,
daß dieſe Unrecht übende Geldgier vieler Beſitzenden
viele Nichtbeſitzende zum Communismus und Socia=
lismus drängt? — daß ſie es mit verſchuldet, wenn ſich
in Frankreich ſogar eine förmliche Lehre zur Rechtfer=
tigung des Diebſtahles ausgebildet hat, den man nur
noch als Waffe der Nothwehr und der Angriffe ge=
gen den Mißbrauch des Eigenthumes betrachtet wiſſen
will?*) — Aber dieſe Alles überwuchernde Giftblüthe
unſerer Zeit, ſie kam jedenfalls nicht auf dem großen
Kloſterbeſitze in Flor, ſondern ſie gedeiht, wenn wir
auch viele andere mitwirkende Agentien keineswegs
in Abrede ſtellen, doch vorzüglich auf dem herrſchaft=
lichen Boden der rein materialiſtiſchen Induſtrie und
des Wuchers, die ſich mit den wohlfeilen Aushänge=
ſchildern des Liberalismus und mit obligatem Feld=
geſchrei gegen die „Finſterniß des Mittelalters" ſehr
wohl vertragen.

---

*) Vgl. über dieſe Mat. „Die Arbeiterfrage und das Chri=
ſtenthum vom Biſchofe v. Ketteler." Mainz 1864.

O hätten die Klöster auch heute nur einen Bruchtheil eures kolossalen Reichthums, es würde, besonders um die niedern Volksklassen, ohne Vergleich besser stehen! Ein Geldregiment haben die Klöster nie geltend gemacht. Von ihnen gilt, was Hr. von Tocqueville*) am alten Frankreich gerühmt hat: „Ueberall stellte man über das Geld irgend ein besseres Gut." Ihre Schuldner erhielten in schweren Zeiten Nachlässe; die Härte der heutigen Executivmaßregeln kannte man nicht. Den Wucher haben die Klöster verabscheut; denn die Kirche verbietet ihn, und selbst ein Darlehn auf Zinsen gestattet sie nur unter gewissen Bedingungen. Finanzielle, gewinnsüchtige Operationen waren ihnen fremd, und darum verfielen sie auch nicht leicht in Bankerotte, die Andere in Unglück und Armuth stürzen. Für ihre vielen Arbeiter war gut gesorgt. Wurden sie dienstunfähig, so hatte man die Unterstützungsfonds; trat Mißwachs und Theuerung ein, so hatte man Getreide- und Mehlmagazine, um ihnen zu wohlfeilem Brode zu verhelfen. Noch erzählen die Einwohner solcher Klostergegenden, wie in Tagen der Noth die Klöster ihnen zum Bauen Holz schenkten aus ihren großen Wäldern, Korn aus ihren Vorrathskammern zum Ansäen, und Geld, um den Arzt zu bezahlen. Mit Recht hießen denn auch diese Cor-

---

*) Das alte Staatswesen und die Revolution. 1857.

porationsgüter der todten Hand „patrimonia pau-
perum", und die Armen wußten, daß dies mehr sei,
als ein blos nomineller Titel; mit heiterer Zuver-
sicht klopften sie stets an die Klosterpforte, wo hingegen heute die Armuth erschrocken um die Paläste
der Börsenmänner herumschleicht und selbst dem Ar-
beitsgeber mit einer so gedrückten Schüchternheit
naht, daß man es ohne Traurigkeit nicht ansehen
kann. Durch nichts wird übrigens der Gegensatz
so auffallend bezeichnet, wie durch die Thatsache, daß
die Klöster mit ihren schönen Dekonomiegebäuden und
Wohlthätigkeitsanstalten an so vielen Orten verwan-
delt sind in — Gefängnisse, Kasernen und Irrenhäuser.

Als man auf den Einfall kam, den großen
Güterbesitz der Klöster zu zerstückeln, da träumte
man sich selbstgefällig mitten ins Wunderland der
allgemeinen Geldglückseligkeit hinein. Wenigstens
sollte jeder kleine Pächter, jeder Besitzer einer Par-
celle jetzt gleich ein wohlhabender Landwirth werden.
Was geschah? — Statt der großen Dekonomien,
wo die Landwirthschaft im Großen betrieben wurde,
wo der Viehzucht, dem Wein- und dem Getreidebau,
der Eiche und dem Obstbaume ein Capital traditionel-
ler Erfahrungen nebst allen materiellen Hülfsmitteln
zu Gute kam, da bildete sich jetzt eine Zwergwirth-
schaft, bei der man eben nur Kartoffeln baute und
Kartoffeln aß. Bald konnte und wollte man sich auf

9*

dem kümmerlichen Flecke Land nicht länger abplagen. Solche gesellschaftliche Verhältnisse mußten ja unerträglich werden. Die Einen zogen aus nach Amerika; man erzählt von ganzen Dörfern, deren Einwohnerschaft nur in der Auswanderung ein erträgliches Wohlsein zu finden glaubte; die Andern blieben und bevölkerten die Armenhäuser und die Fabriken. Bei den Klöstern war jetzt weder Brod, noch Arbeit mehr zu erlangen; wie sorgten also für diese Unglücklichen die Pharaone der Industrie?

England errichtete seine großen Armenhäuser, d. h. Einpferchungen, welche alle gesellschaftliche und natürliche Bande auflösen oder gesetzlich zerschneiden, alle menschliche Gefühle, alle moralische Kräfte vernichten und oft nothgedrungen sich in Zucht- und Zwangshäuser verwandeln, wo die Ordnung nur durch die Zuchtpeitsche der ärgsten Sklaverei erhalten wird. Schon im Jahre 1843 hat die „Allgemeine Zeitung" über Großbritannien haarsträubende Dinge berichtet. Von den 15 Millionen Werkleuten, welche England in Werkstätten und industriellen Etablissements zählte, rechnete man damals an die 2 Millionen entweder in workhouses d. h. in Armuthsstrafgefängnissen, oder, weil diese Werkhausbastillen bereits zum Bersten angefüllt waren, außer denselben, wo ihnen s. g. out-door-relief, ein kümmerliches Stück Bettelbrod über die Wälle hinüber zugeworfen wurde. Jedes Jahr stirbt eine gute Zahl dieser Armen buchstäblich des Hungertodes.

Im wirthschaftlichen Schottland aber, in Glasgow's und Edinburgh's dunkeln Gäßlein und Höfen gehen — nur dem Auge Gottes und seines Priesters Barmherzigkeit nicht verborgene — Dinge vor, Scenen der Entbehrung, des Jammers und der Verzweiflung, wie sie die Sonne zuvor in keinem von Menschen bewohnten Himmelsstriche gesehen hat. Aerzte, wie Dr. Alison sind die besten Zeugen hiefür.*)

Der Gegenstand ist unerquicklich. Wir bitten um Nachsicht, wenn wir noch durch ein Beispiel zeigen, bis zu welcher Entmenschung der entsetzliche Pauperismus hintreiben kann. Im Herbste 1841 wurde zu Stockport eine irische Familie überführt, nach einander drei ihrer Kinder vergiftet zu haben, in der Absicht, um 3 Pf. St. 8 Sch., beziehbar bei dem Tode jedes Kindes, von einer Begräbnißgesell-

---

*) Noch gilt da, was J. Görres vor drei Decennien schrieb: „Mannigfach von dem nahenden Flügelschlage des Todesengels erschreckt, starret bereits die Zeit hohläugig mit Armensünderreflexionen in die leeren Fenster der von ihr verwüsteten Klöster, die kein Obdach, keine Herberge, keine liebende Pflege geistlich und weltlich mehr bieten können; die Brunnen sind verschüttet, die Noth ist vogelfrei geworden, das Recht des Asyls (wider Gottes Rache) ist verscherzt, und die entheiligten Mauern geben statt all des sonstigen Schutzes dem bösen Gewissen nichts mehr, als den Wiederhall des Angstgeschreies: Ihr Mauern, bedecket uns!" Vgl. R. Freund, 1831. Dez. Heft. S. 1650 f.

schaft zu erhalten, bei der sie als Mitglieder einge-
schrieben waren. Und was noch viel schlimmer ist,
es wurde der Regierung im Vertrauen mitgetheilt,
derartige Fälle seien nicht ungewöhnlich,
„allein man thäte vermuthlich besser, zur Vermeidung
von Aergernissen die Sache nicht tiefer zu untersuchen."
— Wo ist denn das Glück der überwiegend industriellen Staaten, wie England, Belgien, auch schon
Frankreich? — Nach zwei Extremen treibt der Materialismus mit seinen Erfindungen ohne Religion,
wie ein Keil, die Bevölkerung auseinander: zu einem
exorbitanten Luxus auf der einen Seite, auf der
andern zu einer Noth, die unsere gerühmte Civilisation durch ihre entsetzlichen Gräuel zum Spotte
macht. Ist es ein Wunder, wenn der gesunde ger-
manische Volkssinn sich gegen eine solche Beglückung
Deutschlands sträubt, und an gar vielen Orten die
todte Hand der Klöster sehnlichst zurückwünscht? —
Aber die todte Hand, sagt ihr, entzieht vieles
Geld dem Verkehre, und die Säcularisation hatte
wenigstens das Gute, daß sie viele Millionen in
Curs gebracht hat. — Es ist wahr, die Juden jeglichen Bekenntnisses sind dadurch reich geworden;
aber was hat das Volk, was haben die Massen dabei gewonnen? — „Dies cursirende Geld," hat man
sehr gut gesagt, „ist einem wahrhaften Merkur zu
vergleichen, der auf leichten Flügeln überall hin sich

bewegt, am Ende aber nur da sich niederläßt, wo
bereits der Speculationsgeist über größere Massen
zu verfügen hat."*) Dieser Geist baut Fabriken
und Maschinerien; aber während diese eine ungeheure
Rührigkeit entwickeln, um mannigfach nur dem Luxus
wohlfeilere Stoffe zu liefern, sind Tausende von jener Thätigkeit ausgeschlossen, und mancher rüstige
Arbeiter darbt wegen Mangel an Beschäftigung.

Das traurige Leben der Fabrikarbeiter selbst
bildet einen Gemeinplatz, der für uns zu betrübend
ist, um uns dabei aufzuhalten. Wir wollen nur
erinnern, daß dies arme, gute Volk hier fast Alles
einbüßt, was die Arbeiter auf den ausgedehnten
Besitzungen der Klöster in Fülle hatten: persönliche
und sociale Freiheit, mäßige Arbeit und dabei Speise
und Trank in keineswegs kargem Maße, Gesundheit des Körpers und der Seele, damit einen fröh-
lichen Genuß des Lebens und einen glücklich entwickelten Sinn für das Höhere, für das Schöne und
Edle, indem die Klöster über ihren Boden eine eigen-
thümliche Schönheit, etwas wie Poesie, durch ihr
mildes, Alles veredelnde Walten ausgossen, eine wohl-
thuende Wärme in die geselligen Beziehungen, und
eine familiäre Vertraulichkeit in das öffentliche Leben

---

*) Unparteiische Würdigung der Frage: „Sind die Protestan-
ten wirklich reicher, als die Katholiken?" Von J. B. Fuchs,
kath. Stadtpfarrer. Regensb. 1846.

brachten. Immer ist die Spur schön und lieblich, wo unsere Erde von der Religion berührt wird. — Nebst den kirchlichen Feierlichkeiten gab es in den Klostermarken auch lustige Volksfeste, wo die frische Naturkraft austobte, und der gesunde, christliche Sinn sich dann nur um so besser entfaltete. Noch hat der Reisende in einzelnen Gegenden die Gelegenheit, beobachten zu können, wie die „Klosterleute" unter heiterm Scherze ihrer Arbeit obliegen und des Abends singend von den Feldern heimkehren.

Was hat man nun gewonnen bei der Uebersiedelung in das Californien der Industrie? — Haben die Fabrikarbeiter mehr s. g. politische Rechte, mehr Stimm= und Wahlfreiheit? — Dictirt nicht der Wille des Fabrikherrn jetzt ihre Stimmen? — Und die tagelange Einsperrung in die Fabrikgebäude? und das wahrhaft militärische Commando? und der Stundenschlag? und die Argusaugen des Aufsehers? ist nicht alle Bewegung wie vom Corporalstocke geregelt? — Was sollen wir endlich sagen von der aufgenöthigten Entfernung von Haus und Herd? von der Lockerung, von dem Zerreißen der Familienbande? Sind das die errungenen Freiheiten? — Die wärmere Zone der Klostergüter hat man mit der kalten Luft der Fabrikdistricte vertauscht, und da genießt man jetzt, consignirt in entsetzlichen Mauern, bei religionslosen Herren oft einen ewigen Werktag

ohne Rast und Ruhe; da ist es aus mit aller Poesie
des Lebens; denn nichts tödtet so sehr allen Sinn
für das Religiöse, für das Edle und Schöne, wie
diese Dienstbarkeit im Interesse der rastlosen Speculation und Gewinnsucht!

Diese armen, von der Geldgier geknechteten Arbeiter sind heutzutage eine Macht geworden, und in
mehr als einem Lande flößt sie die Besorgniß ein,
es möchte in einer unglücklichen Stunde die Stimme
des Gesetzes von den Nothsignalen der Proletarier
übertönt werden. Indeß — Gottes Fügung kann
die gesellschaftlichen Zustände in ein besseres Geleise
lenken. Er möge uns bewahren vor der Stunde des
Racheengels, der im Namen der beraubten und doch
immer noch geschmähten „todten Hand" eine schreckliche Sühne fordert!

Wir wiederholen, es ist gar kein Grund vorhanden, heute gegen die Rückkehr der todten Hand
immer und immer zu protestiren. Zu jeder Zeit
wird es große Ansammlungen des Vermögens und
Besitzes geben. Es ist anders nicht einmal gut; auch
nicht möglich. Jetzt fühlen wir von allen Seiten
die Hand des industriellen Materialismus und der
Geldspeculationen. Diese irreligiöse Hand ist eine kalte,
starre, ja mehr als todte: die Hand der geistlichen
Corporationen dagegen war eine religiöse, darum eine
milde, wohlthätige. Wenn wir diese mit jener ver-

tauscht haben, ist das denn eine so beneidenswerthe Errungenschaft der modernen Zeit?

Wir müssen denselben materialistischen Zeitgeist noch weiter verfolgen. Er klagt

drittens: „das unthätig beschauliche Leben der Klöster entzieht dem Staate nützliche Hände."

Bemerken wir gleich, daß es heute sehr wenige nur beschauliche, d. h. weder im Lehrfache und in der Erziehung, noch in der Seelsorge oder Krankenpflege thätige Klöster gibt; es trifft also dieser Einwurf nur einen kleinen Theil der religiösen Orden.

Aber auch abgesehen von dieser Beschränkung zeugt er von wenig Gerechtigkeit, aber viel Unverstand.

Erstens. Wenn allen jenen, welche mit ihren Händen dem Staate nichts nützen, sofort „die Hand des Staates mit den Waffen des Gesetzes entgegentreten" wollte, so ist klar, daß Viele über eine unerträgliche Tyrannei zu klagen hätten. Wer sich ebensowenig zum Gelehrten oder Künstler, als zum Benediktiner oder Jesuiten, ebensowenig zur barmherzigen Schwester, als zur Ehefrau berufen fühlte, müßte also nothwendig Fabrikdienste verrichten, die Straße pflastern, ein Handwerk, ein Gewerbe treiben, oder Acten schreiben auf einem Bureau?

Zweitens sagen wir: leitet zuerst eine Reform an den vielen Tausenden ein, welche ihre „nützlichen Hände" zu nichts brauchen, als die Zeit mit Plaisir

und „süßem Nichtsthun" zu vertändeln; vorher ist
es doch zu früh, die contemplativen Orden vor euer
Nützlichkeits-Tribunal zu citiren. Ob ihr hiezu je
das Recht haben werdet? — Hier handelt es sich
offenbar um eine Rechtsfrage, die bei Lucas 10, 41—42
von Jesus Christus, also wohl der höchsten Instanz,
für alle Zeiten entschieden ist. Die Sentenz lautet:
„Martha! Martha! du machst dir Sorge und be-
kümmerst dich um sehr viele Dinge. Eines nur ist
nothwendig. Maria hat den besten Theil erwählt,
der ihr nicht wird genommen werden." Ist es zu
verwundern, daß seit diesem Erkenntnisse tausend contemplative, innerliche Seelen sich für berechtigt halten,
wie Maria „zu den Füßen des Herrn zu sitzen und
auf sein Wort zu hören?" — Oder wenn sie hiezu
berechtigt sind vor Gott, sollen sie es nicht auch vor
der Welt sein?

Drittens. Man glaubt in der That, das Ge-
betsleben der contemplativen Orden sei für die welt-
liche Ordnung ganz unnütz und deshalb, weil der
Nutzen Alles entscheide, für sie völlig unberechtigt.
Aber wie? was hilft uns am Ende all die rastlose
Thätigkeit eurer Industrie ohne das Gebet jener
Frommen? Die Welt müßte aus dem Geleise
gehen ohne die Reaction des Gebetes. Das hat
man früher verstanden. „Was in den Augen unserer
Väter," sagt Montalembert, „die Welt in ihrem Be-

stande erhielt, war das Gleichgewichtsverhält-
niß zwischen Gebet und Handeln, zwischen den
flehenden Stimmen der furchterfüllten oder dankbaren
Menschheit und dem steten Geräusche und Getriebe
der Leidenschaften, des Ringens und Arbeitens in
ihrem Schooße. Auf der Erhaltung dieses Gleich-
gewichts beruhte die Kraft und das Leben des Mittelalters. Wenn es erschüttert wird, so wankt Alles
in der einzelnen Menschenseele, wie in der gesammten
Gesellschaft." *)

Die gebetsfeindliche industrielle Weltkümmerniß
ist auch hier mit der h. Schrift im Widerspruche.
„Während die Völker mit dem Schwerte in der Hand
kämpften, sagt sie, hat Moses auf dem Berge den
Sieg erfleht." Es ist wahr, nur was mit Händen
zu greifen ist, hat Werth für die großen Herren der
Baumwollen- und Seidenindustrie; aber es bleibt
auch wahr, daß die Imponderabilien den gewaltigsten
Einfluß auf den Weltgang üben. Und ebenso wahr
bleibt, daß auf jene, die in der innigsten Verbindung
mit Christus, ihrem Haupte, stehen, auch die größte
Fülle der göttlichen Gnade und Erbarmung sich ergießt und von ihnen dann gleichsam ausströmt über
die Erde. Ohne die Schätze der Contemplation würde
diese in ihrem armen Reichthum zu Grunde gehen.

*) Geschichte des Mönchthums. I. Bd. Einl. p. LIV.

Wer will sagen, wie Vieles solche contemplative Klöster durch ihr „ewiges Gebet" vor dem Tabernakel für die Schicksale eines ganzen Landes entscheiden? Wenn einmal die innere Seite der Geschichte herausgekehrt wird, dann muß es sich offenbaren, welche Hände, die reinen, zum Gebete erhobenen, oder die in der Materie wühlenden als die „nützlichsten" Hände des Staates zu preisen sind?

Doch diese Vortheile der höhern Gnadenordnung sind der Welt sehr unverständlich. Wir wollen deshalb an einen andern Vorzug erinnern, der den Klöstern zukommt, auch wenn ihr Gebet nur mit Nullen zu bezeichnen wäre.

Viertens. Wir sprachen oben vom Pauperismus. Dieser tritt da ein, wo die Bevölkerung sich so vermehrt, und die Erzeugung von Subsistenzmitteln sich so vermindert, daß zwischen beiden ein Mißverhältniß entsteht, welches wir am richtigsten durch den relativen Begriff der „Uebervölkerung" ausdrücken. Die unabweisliche Folge ist eine in immer ungünstigerer Progression steigende Noth, nicht der ganzen Bevölkerung, sondern der ärmern Volksklassen, welche kein Capital, d. h. keinen Vorrath für die Zukunft haben, sondern darauf angewiesen sind, von der Hand in den Mund zu leben.

Für die Staatswirthschaft ergibt sich daraus folgendes Problem: wie ist das gestörte Verhältniß

zwischen der Bevölkerung und der Menge von Subsistenzmitteln eines Landes herzustellen? wie wird jene
vermindert, diese aber vermehrt?

Wir glauben, daß gerade die Klöster nicht wenig
zur Lösung dieses doppelten Problems beitragen.
Wenn die Preise aller Subsistenzmittel bei dem immer
höher schwellenden Luxus von Jahr zu Jahr wachsen;
wenn die Industrie, welche die Bedürfnisse unserer
Uebercultur befriedigt, diese auch fortwährend steigert,
deshalb auch immer neue Anstrengungen zu deren
Befriedigung, sowie zur Ueberwindung der fatalen
Concurrenz machen muß, so daß man billiger Weise
fragt: wo soll es da am Ende hinausgehen? — so
ist es wahr, die Klöster tragen nichts bei zu diesem
steigenden Culturschwindel, aber dem consumirenden
Luxus gegenüber geben sie das Beispiel religiöser Er-
sparniß und Einfachheit. Das ist aber nicht wenig.
Das Maß der Subsistenzmittel würde bald ins rechte
Verhältniß zur Bevölkerung kommen, wenn diese,
statt immer neue Ansprüche zu machen, nur ihre ver-
meintlichen Bedürfnisse beschränken wollte.

Was die Uebervölkerung betrifft, so möchten wir
hier ein offenbares, gerade in den Klöstern liegendes
Gegenmittel betonen; wir meinen den Stand der
Virginität. Die Heiden kämpften gegen jene Ge-
fahr entweder durch Tödtung oder Aussetzung von
Kindern, oder durch jenes unnatürliche Mittel, gegen

welches Kaiser Augustus das Gesetz richtete, wonach jedem Vater von wenigstens drei Kindern eine staatliche Belohnung zuerkannt wurde.*) Möchten heutzutage in hochgebildeten f. g. christlichen Kreisen keine Spuren dieses Heidenthums mehr vorkommen! — Ach, warum vergaß man den Ausspruch des Apostels, der den ehelosen Stand empfiehlt? warum die kirchliche Lehre und Praxis, welche den Werth der jungfräulichen Keuschheit hoch über Ehe und Kindererzeugung setzt?

Malthus, der englische Staatsökonom, sah schon zu seiner Zeit den Abgrund voraus, welchem Europa durch seine Uebervölkerung entgegengeht. Nach ihm sollte in den Schulen gelehrt werden, es sei, besonders für die Armen, verdienstlich, wenn sie aus Gründen der socialen Oekonomie sich der Ehe enthielten.**) Ob eine solche Predigt viel fruchten würde, ohne die Veranschaulichung durch zahlreiches Beispiel und den eigenen Vorgang des Lehrers? — Letzteres geschieht durch den Cölibat der katholischen Geistlichkeit. Aber die Klöster thun noch mehr: sie bieten denen, welche der Lehre des englischen Professors folgen wollen, dazu die praktische Gelegenheit. Ist es nicht abscheulich, wenn man von den Armen verlangt, sie sollen sich geduldig un-

---

*) Döllinger „Heidenthum und Judenthum". S. 703.
**) Essay on the Principles of Population. 1798. — Eine 6. Auflage erschien 1826.

ter das Joch eines unfreiwilligen Cölibats fügen,
welches die Zustände der modernen Gesellschaft ihnen
auferlegen, und zu gleicher Zeit gegen Klostergelübde
polemisirt, die doch als Opfer für eine höhere Idee
freiwillig übernommen werden? Es verstößt dies gegen die Sittlichkeit, wie gegen die Logik. Wenn ihr
den Schultern der Armen eine so immense Last auf-
legt, so laßt ihnen wenigstens das Mittel, aus der
Noth eine Tugend zu machen.*) Contemplative Klöster sind also für den Staat noch keineswegs überflüssig; während sie durch ein Leben des Gebetes und
der Buße Gottes Gnade und Versöhnung auf das
Land herabziehen, schützen sie den Staat durch ihre
Jungfräulichkeit gegen die drohende Gefahr der Uebervölkerung.

Aber statt mit reinen Lilien das irdische Reich
einzufriedigen, zog man vor, es mit den Dornen
der Gesetzgebung zu umzäunen. In gewissen Theilen Deutschlands hat das moderne System die Ehe
von einer polizeilichen Erlaubniß abhängig gemacht.

Wir brauchen hier die Zweckmäßigkeit solcher
Gesetze nicht zu untersuchen. Wir wollen nur die
Unfreiheit der arbeitenden Klasse constatiren, seitdem
der Staat das Monopol ihrer Versorgung an sich gezogen hat. Die Klöster gaben einst Arbeit und Brod;

---

*) Vgl. Hist. pol. Bl. XXIII, 347 ff.

sie waren ferner die lieblichen Blüthengärten der
Tugend, abgeschlossen der Begierlichkeit, aber stets
einladend geöffnet für Alle, die aus was immer für
Gründen dem Ehestande das Leben der Jungfräu=
lichkeit vorzogen. Für Beides haben sie die persön=
liche Freiheit nicht confiscirt. Nach moderner Lehre
und Praxis soll der Unterhalt der Dürftigen eine
Zwangspflicht der Gemeinden oder des Staates sein;
der Staat ist gehalten, den Arbeitern Arbeit und
Brod zu verschaffen. Dafür hält er sich aber auch
berechtigt, ihre Fähigkeit zur Schließung einer Ehe
unbedingt von seiner Genehmigung abhängig zu
machen. Führt hier die moderne Freiheit nicht zur
Sklaverei?*)

Man versteht sicher das Christenthum nicht als
die vollkommenste, als die göttliche Weltreligion, wo
man nicht anerkennt, daß das geistige Streben und
die übernatürlichen Gnadengaben der frommen Chri=
sten auch belebende, fruchtbare Kräfte für ein gutes
Staatswesen sind. Wenn schon Menschen, die ihr
Leben lang auf keinen grünen Zweig kommen, der
Menschheit oft mehr nützen können, als die höchst=
besteuerten Fabrikanten und Börsenmänner; wenn Ge=
nie und Wissenschaft selten reich machen, und die
glücklichsten Forscher darbten, wie Keppler und Winckel=

---

*) Vgl. Hist. pol. Bl. a. a. O.

mann; wenn Niemand den gerechten Aristides unter den reichen Gerber Kleon, den h. Ludwig von Frankreich unter den kolossal reichen Bürgerkönig Louis Philipp zu setzen wagt: sollte man dann nicht auch einen Chor voll Ordenspersonen, die, vor dem Hochwürdigsten Gute anbetend hingesunken, das „Heilig, Heilig" der Engelchöre ohne Unterlaß wiederholen, wenigstens ebenso gewähren lassen, wie einen Saal voll Fabrikleute, welche die traurige Arbeit oft durch noch traurigere Gedanken und Reden zu verkürzen suchen? Während diese allerdings „dem Staate ihre nützlichen Hände" widmen, schenken ihm denn jene gar nichts, wenn sie ein Beispiel der reinsten Tugenden, dieser hohen moralischen Kraft eines jeden Staatswesens aufstellen? wenn sie durch ihre Buße die durch große Sündhaftigkeit herausgeforderte Gerechtigkeit Gottes sühnen? durch ihr fortwährendes, inbrünstiges Gebet den Segen des Himmels auf Stadt und Land herabziehen? wenn sie endlich der Uebervölkerung, und damit dem großen socialen Uebel des Pauperismus, einen sittlichen, mit den vollkommensten Lehren des Christenthums übereinstimmenden, Damm setzen?

Es wäre also Zeit, daß die Nachzügler des Fortschritts von der Barbarei zurückkämen, welche alle contemplative Orden in den Staub tritt und als „unnütze Hände" verlästert. Jedenfalls ist es eine schmähliche Rohheit, frommen Personen den sparsamen Genuß eines wohlerworbenen Vermögens zu mißgönnen, sobald sie nach kirchlichem Sinne Gebet damit verbinden, während man es ganz in der Ordnung findet, daß Leichtsinnige beiderlei Geschlechts in liederlichem Saus und Braus Geld und Güter verschwenden. Und wie soll man es bezeichnen, wenn man leichtfertige Mädchen ungestört dem Laster sich in die Arme werfen, oder arme Geschöpfe in die unseligsten Ehen verhandeln läßt, dagegen aber „im Interesse des Staates" die Behörden aufstachelt, daß ja keine katholische Jungfrau unbehelligt von bureaukratischen Quälereien dem Herrn ihre Keuschheit gelobe?

Ehre und Ruhm den b a r m h e r z i g e n S c h w e s t e r n! Sie heißen mit Recht die „Engel der leidenden Menschheit", und in der That feiern denn auch die Töchter des h. Vincenz von Paul einen wahren Triumph in der öffentlichen Meinung. Aber — das wollen wir hier bemerken — ein Armuthszeugniß ist der Welt dadurch doch ausgestellt. Indem man nur die „leiblichen" Werke der Barmherzigkeit zu den Wolken erhebt und zu gleicher Zeit die „geistliche" Wohlthätigkeit derselben Schwestern übersieht, sowie andere Genossenschaften, welche sich der Seelsorge, dem Predigtamte und dem schweren Berufe des Unterrichts und der Erziehung opfern, weit hintansetzt,

so beweist man ja, daß man wohl für die physischen
Leiden des Körpers, aber nicht für die tausendmal
wichtigern der Seele und des Geistes Herz und Ver-
ständniß hat.

Wir können hier der „Elberfelder Zeitung" gegenüber schließen und dem Leser das Urtheil über-
lassen, was ihre drei Anklagen, beim Lichte betrachtet,
zu bedeuten haben.

Statt einer Beeinträchtigung staatlicher Interessen, können diese nur gewinnen, wenn die religiösen
Orden in katholischen Landestheilen sich immer mehr
entwickeln. „Es gewinnen" — so hat eine höchst
achtungswerthe Persönlichkeit sich ausgesprochen, —
unsere socialen Verhältnisse. Dem Einzelnen wird
es immer schwerer, anständig oder auch nur ohne
bittere Noth — namentlich im Alter — zu leben.
Es liegt hierin eine Ursache des Dranges zum Communismus, der gegenwärtig so gefährlich um sich
greift. Die Klöster bieten einen wahren, edlen Communismus im evangelischen Sinne, vorausgesetzt, daß
man die Tugenden üben will, ohne welche der Communismus zur Hölle würde.

„Viele junge Leute beiderlei Geschlechts gibt es
ferner, welche gegenwärtig dem Verderben, der Ausschweifung, der Verführung in die Arme fallen, welche
aber redliche und wackere Menschen geworden wären,
wenn eine Genossenschaft ihnen die Arme entgegen-

gestreckt hätte, um sie zur rechten Zeit in sich aufzu-
nehmen und ihre Kräfte zum gemeinsamen Wohle
zu benutzen, während sie jetzt, verkommen und ver-
wahrlost, nur gemeinsamen Schaden stiften. Das
Sehnen nach fester Stütze, das Suchen der Rebe nach
einer Ulme ist es, was, verbunden mit dem höhern
Antriebe, auch heutzutage so viele junge Leute in
das Kloster führt und zu diesem Zwecke sogar in
ferne Länder treibt, wenn die Heimath keine Orden
duldet; das Alleinstehen ist der Ruin Vieler, da doch
wahrhaftig nicht Alle zum ehelichen Leben gelangen
können; und der Staat hat auch schon deshalb ein
großes Unrecht an der Menschheit begangen, als er
habgierig die Klöster zerstörte, statt auf deren Reform zu bringen und sie so zu einer lieben Heimaths-
stätte für Solche zu machen, welche in Gemeinschaft
dem Herrn dienen und dem Nächsten nützen wollen.

„Die socialen Verhältnisse gewinnen aber auch
deshalb, weil die Klöster durch großartige Uebung
der christlichen Charitas dem Pauperismus wehren,
diesem unheimlichen Wesen, das, hohläugig und bleich,
schon die geballten Knochenfäuste gegen die Thüre
der Reichen erhoben hat. Die Klöster müssen die
Vermittler des überwachsenden Reichthums und der
traurigsten Verarmung sein und gleichsam den Ab-
leiter für das drohende Unheil bilden.

„Es gewinnen unsere Schulen; denn Niemand

läugnet heutzutage mehr, daß die Lehranstalten, von den Elementarschulen für Kinder beiderlei Geschlechts angefangen bis hinauf zu den Gymnasien wenigstens, in den Händen der Orden viel blühender sind, als in den andern.

„Es gewinnen die Wissenschaften; denn fast nur in der Einsamkeit der Zelle und in immerwährender Gemeinschaft der Arbeit mit den Ordensbrüdern können große und umfassende Studien gedeihen, die mehr als Einen Mann und Ein Menschenalter heischen.

„Es gewinnen die Kanzeln; denn nirgends bildet sich besser der große Prediger aus, als in der Muße und im Schweigen des Klosters und unter dem belehrenden Worte neidloser und erfahrener Mitbrüder.

„Es gewinnt die christliche Kunst, die von den Klöstern nicht blos aufgemuntert und getragen (die hohen Gedanken gedeihen am liebsten in der stillen Einsamkeit), sondern auch geübt wird. Oder wem wären die Kunstschöpfungen der Ordensbrüder, wem die Stickereien und Nadelgemälde der Ordensfrauen im Mittelalter unbekannt?

„Es gewinnen die Kranken, Waisen, Gefangenen und Verlassenen; denn nirgends sind sie besser gepflegt, als wo ein Orden sie mit übernatürlicher Liebe umfängt, um den Herrn in ihnen zu bedienen.

„Es gewinnen die Seelen; denn weisen Gewissensrath und Anleitung zum geistigen Leben und zu geistlichen Uebungen findet man wohl nirgends eher und besser, als in den stillen Mauern der gott-geweihten Räume.

„Es gewinnt der gläubige und sittliche Ernst; denn die leuchtenden Beispiele der Entsagung, der Abtödtung, des Verzichtes auf irdischen Glanz und Genuß, auf Besitz und Vermögen, die Beispiele der Keuschheit, des Gehorsames und der freiwilligen Ar-muth können nicht umhin, wie ein wohlthätiger Sauerteig in unserer sehr fleischlich gewordenen Zeit zu wirken, und die Gemüther aus dem Erdenhaften wieder emporzuheben und dem Geistigen wieder zu-zuwenden. Ein armer Kapuziner in seinem härenen, rauhen Gewande und in seinen Sandalen ist eine viel wirksamere Predigt gegen die Weichlichkeit und Eitelkeit, als das schönste Wort von der Kanzel; und Viele, welche nie den Prediger in der Kirche hören, sind gezwungen, ihre Augen auf den armen Ordensmann zu werfen, und können sich der ernsten Gedanken, die sein Anblick ihnen macht, nicht immer erwehren.

„Es gewinnt der Gottesdienst. Denn die hohe Feier desselben durch einen zahlreichen Ordensclerus, mit aller Schönheit und Würde der Ceremonien, un-ter dem hehren Gesange eines begeisterten Chors, in einer herrlichen Kirche, kann nur den besten Eindruck auf das Gemüth machen, die Armen emporziehen, die Gläubigen stärken; und schon aus dieser Einen Rücksicht war die Klösterzerstörung eine himmelschreiende Sünde, weil das Volk einer vortrefflichen geistigen Nahrung und Erquickung beraubt wurde, und der Verfall des Gottesdienstes ist vielfach Schuld an dem Verfalle des Glaubens und der innigen Freude am Heiligen.

„Es gewinnt die Verbindung der Menschheit mit der höchsten Quelle all ihres Wohles. Denn nur der vollendete Unglaube wird sagen, daß das Gebet, welches ohne Unterlaß aus den Mauern namentlich der dem betrachtenden Leben gewidmeten Orden zu Gott emporsteigt, ohne Nutzen und Segen für die Gesellschaft, für die Gemeinde, für den Staat sei." *)

VI.

Einwürfe gegen die Jesuiten insbesondere.

„Alle Orden und Klöster wollen wir gerne dulden — nur keine Jesuiten!"

Wenn die Führer des Radicalismus und frei-

---

*) „Gedanken über die Restauration der Kirche in Deutschland." Regensb. 1859. S. 204 ff.

maurerische Blätter diesen Stoßseufzer thun, so finden wir das ernstlich gemeint; die Erfahrung hat sie gelehrt, daß die Jesuiten mit den Zwecken der destructiven Bewegung niemals auf einen Compromiß sich einlassen. „Sint, ut sunt, aut non sint!" sagte ihr Ordensgeneral Ricci.

Bei Katholiken finden wir diese krankhafte Furcht vor den Jesuiten geradezu ungereimt. So können sie nur sprechen, entweder weil sie diese Väter blos aus Ammen-Mährchen kennen, oder, weil sie „um des lieben Friedens willen" sich mit den Gegnern der katholischen Kirche durch ein Zugeständniß abfinden möchten.

Aber ist es charaktervoll, consequent, hier auf katholischer Seite an Concessionen zu denken?

Der Täuschung sollte nach so vielen Erfahrungen sich doch Keiner mehr hingeben, als würden die Katholiken und ihre Kirche den Frieden haben, wenn man die Jesuiten geopfert hat. Jene verdienstvollen Männer, die im Frankfurter Parlamente von dieser Ansicht befangen waren, haben seither öffentlich diesen Irrthum anerkannt. Der Haß gegen die Jesuiten ist mehr als Jesuitenhaß, es ist ein Haß gegen den Katholizismus selbst. Sind die Jesuiten beseitigt, dann trifft derselbe Ingrimm alle andere religiöse Orden, dann trifft er die Weltpriester, dann trifft er auch die ausgezeichneten Laien,

welche in Deutschland so muthig die Interessen der
katholischen Kirche vertreten. Wer nur einiger Maßen
mit der Geschichte der letzten Jahrhunderte vertraut
ist, kann an der Solidarität unserer Interessen mit
denen der Orden kaum ernstlich zweifeln. Was in
abgelaufenen Jahrhunderten die legitimen Fürsten von
„Gottes Gnaden" begonnen, was die Jakobiner von
„Volkes Gnaden" dann fortgesetzt haben, das möchten
die Freimaurer von „Teufels Gnaden" vollenden.
Opfern wir heute, um des Altweiberfriedens willen
die Gesellschaft Jesu; aber seien wir auch gefaßt,
morgen unsere aufblühende katholische Presse, unsere
katholische Geschichtsforschung, all unsere Kunst und
Wissenschaft, die nach katholischen Principien sich so
lebenskräftig verjüngt, daranzugeben; denn alles das
hat man längst schon als „jesuitisch" an den Pranger
gestellt.*) Wenn es auch wahr ist, daß die Jesuiten
mit der katholischen Kirche keineswegs identisch sind;
wenn das Heil der Kirche überhaupt von keinem
einzelnen Orden abhängt: können wir als ehrliche
Katholiken, die mit Josephinismus und Pseudolibe-
ralismus gebrochen haben, ruhig zusehen, wenn man
von dem Baume der Kirche, der an jedem Zweige
eine Frucht des Lebens trägt, einen ganzen, leben-
treibenden Ast herunterreißt? — Das hieße das Recht

---

*) S. Hist. pol. Bl. 1845. (Bd. 15) S. 281 ff.

der Kirche dem Götzen der Zeit opfern. Auf ihrem, dem religiösen Gebiete muß die Kirche ganz frei sein, wie wir dem Staate auf politischem Gebiete eine unverkümmerte Selbstständigkeit einräumen. Nur in der consequenten, charakterfesten Durchführung dieser Grundsätze kann uns Katholiken die Wohlfahrt blühen.

Doch treten wir der vielverschrieenen Gesellschaft Jesu etwas näher.

Der Orden des h. Benedikt, des h. Dominikus, des h. Franziskus haben um die katholische Kirche, der erstere um volle zehn, die andern wenigstens um zwei Jahrhunderte länger sich ein unsterbliches Verdienst erworben; wie kommt es denn, daß keiner von ihnen so sehr verfolgt wird, wie der Jesuitenorden?

Zur Erklärung dieser Thatsache, welche ein distinctives Privilegium dieses Ordens andeutet, ist es gut, mit seinen Geschichtschreibern auf den Ursprung und den Namen der Gesellschaft Jesu zurückzugehen. Ihr Stifter machte Ernst mit der Nachfolge Jesu, welche er seinen Jüngern als ihren eigentlichen Ordensberuf vorschrieb, um derentwillen er auch seinen Namen in dem des Erlösers verschwinden ließ. Der Erlöser war in seinem irdischen Leben, wie jetzt noch in seiner Kirche, ein „Zeichen des Widerspruchs" — signum, cui contradicetur. Das Erlösungswerk hat er vollendet in Verfolgung, in Leiden, am Kreuz.

Alle Leidenschaften waren gegen ihn aufgebracht; und selbst sein Blut konnte sie nicht beruhigen; noch verfolgen sie ihn und werden ihn verfolgen bis ans Ende der Welt.

Das ist das Vorbild, welches der h. Ignatius seinen Jüngern gab. „Sub vexillo crucis militare": — die Fahne des Kreuzes sollte ihr Panier sein. Und wie sehr der h. Stifter an dieser seiner Grundidee festhielt, darüber haben uns seine Lebensbeschreiber mehrere Züge hinterlassen.

Eines Tages traf man ihn traurig und niedergeschlagen. Das war um so auffallender, da die Heiterkeit seiner Seele sich sonst immer so freundlich in seinen Zügen abspiegelte. Die Ursache aber war — die ungetrübte Ruhe einer Ordensprovinz. Ein anderes Mal traf P. Ribadeneyra den h. Ignatius, als dieser eben von einer langen Betrachtung aufgestanden und auf seinem Gesichte einen Ausdruck der Wonne trug, der wiederum mit seiner gewohnten Ruhe nicht übereinstimmte. Er erkannte gleich, daß etwas Außerordentliches zwischen Gott und seinem Diener vorgefallen war. Bei dem vertrauten Verhältnisse, in welchem er zum Heiligen stand, bat er um Aufklärung. Ignatius antwortete anfangs nur mit einem Lächeln. Indeß, als Ribadeneyra bei der Frage beharrte, gab er ihm folgenden Aufschluß: „Wohlan denn, Peter, weil du es wissen willst, so werde ich es dir sagen. — Während ich dem Gebete oblag, würdigte sich unser Herr mir in Person zu erscheinen und mir zu versichern, daß die Gesell= schaft, wie ich ihn darum inständig gebeten habe, in der ganzen Dauer ihres Bestehens nie aufhören werde, in Mitte von Widersprüchen und Verfolgungen das kostbare Erbe seines Leidens zu genießen."*)

Immer also müssen sich die Jesuiten der Ver= heißung ihres göttlichen Verführers erinnern: „Wenn sie mich verfolgt haben, so werden sie auch euch ver= folgen ... Aber alles dies werden sie euch anthun um meines Namens willen." Joh. 15, 20—21.

Indeß das läßt uns einen tiefen Blick in die Vorsehung thun, welche über diesen Orden von jeher waltet, und sein Leidensloos ist uns nur ein halbes Räthsel. Aber die Einzelnen seiner Feinde, selbst viele Katholiken, warum hassen sie so vorzugs= weise diesen, nicht nur von den Päpsten, sondern von einer ganzen Kirchenversammlung gepriesenen Orden? — Das kommt, glauben wir, daher, weil man so viele Anklagen gehört und gelesen hat, ohne die einer so wichtigen Sache schuldige Prüfung an= zuwenden. Wir wollen im Nachstehenden solche leiden= schaftslose Prüfung möglich zu machen suchen, indem wir in einem kurzen Ueberblicke das Für und Wider

---

*) P. Prat, Histoire du P. Ribadeneyra S. J. — Paris, 1862, p. 544.

die Jesuiten, nach seinem historischen Verlaufe, zusammenstellen.

1. Gleich beim Ursprunge der Gesellschaft Jesu sehen wir gegen diese neugeharnischt die Reformatoren jeglicher Schattirung anstürmen; ihre Gesinnung hiebei ist durch Calvins Worte geschildert: „Jesuitae, qui se maxime nobis opponunt, aut necandi, aut, si hoc commode fieri non potest, ejiciendi, aut certe mendaciis et calumniis opprimendi sunt."*) (Die Jesuiten, welche sich uns am meisten entgegenstellen, muß man entweder todtschlagen, oder, wenn dies nicht füglich geschehen kann, zum Lande hinauswerfen, oder wenigstens durch Lügen und Verleumdungen überwältigen.)

Für die Jesuiten erklärt sich dagegen die höchste Autorität der Kirche: das Zeugniß des römischen Papstes Paul III., der im J. 1540 durch die Bulle „Regimini" den Jesuitenorden nach seiner ganzen Verfassung, nach Zweck, Mitteln und Organisation approbirt. Für sie erklärt sich die allgemeine Kirchenversammlung von Trient, die im 16. Hauptstücke der 25. Sitzung die Gesellschaft Jesu als ein „institutum pium a sancta Sede apostolica approbatum" bezeichnet.

Gegen sie zeugen jene Humanisten, deren christ-

---

*) Cálvin. apud Becan. t. I. Opusc. 17. Aphor. 15. de modo propagandi Calvinismum.

licher Geist sich im classischen Heidenthume verflüch-
tigt und deren falscher Literaturcult bei den Jesuiten
ebensowenig, wie die Neuerung, zu Ehren kam.

Für sie zeugen die Bischöfe, in welchen wissenschaftliche Größe und kirchliche Begeisterung sich gegenseitig unterstützten und verklärten.

Gegen sie eifern die Apostaten und Mönche, die
ihre Gelübde gebrochen haben.

Für sie verwenden sich die eifrigen Weltpriester,
wie die berufstreuen, religiösen Orden, und Heilige,
wie Philipp Neri zu Rom, Theresia in Spanien,
treten in den innigsten Verkehr mit der aufblühenden
Gesellschaft, während in ihrem eigenen Schooße ein
Franz Xaver, ein Franz von Borgias, ein Aloysius
von Gonzaga, ein Stanislaus und Andere nach dem
Vorbilde des Ordensstifters Ignatius zu dem höchsten
Gipfel der Heiligkeit sich emporschwingen.

Warum las, glaubte und copirte man die
Schmähungen jener Gegner? — Wenn man gerecht
sein wollte, warum legte man kein Gewicht auf die
Lobsprüche dieser Freunde? Warum mögen namentlich Katholiken noch anderswo eine competente Entscheidung suchen und die Zeugnisse der Päpste Julius III., Paul IV., Gregor XIII., Paul V., Innocenz X., Alexander VII., Benedikt XIV., Clemens XIII.
hingeben für den Literaturschaum eines irreligiösen
Spötters? — Noch im 19. Jahrhunderte hat man

aus dem 16. die Jesuitengeschichte eines Elias Hasen=
müller hervorgezogen, der nur diesen Anspruch auf
Vertrauen hat, daß er 18 Monate lang das Kleid
der Gesellschaft getragen hat und dann nicht allein
vom Orden, sondern auch von der Kirche apostasirte.
Sollte künftig wieder Jemand nach Hasenmüller zu=
rückgreifen wollen, so fordert die Wahrheitsliebe, daß
er auch den 11. Band der Werke des P. Gretser,
der zu Regensburg 1738 erschienen, zur Hand nehme.
Dort findet er das Werk von Hasenmüller mit ent=
sprechenden Noten,*) sowie ein „Weihgeschenk" an
Polycarp Leyser, der sich durch die wiederholte Her=
ausgabe des Hasenmüllerschen Buches um die Welt
verdient zu machen suchte.**)

2. Gegen Ende des 16. Jahrhunderts und im
Anfange des 17. übernehmen französische Advokaten
den Kampf gegen die Jesuiten. An der Spitze dieser
jesuitenfeindlichen Truppe figurirt mit Recht Hr. Pas=

---

*) Historia Ordinis Jesuitici de Societatis Jesuitarum
auctore, nomine, gradibus, incremento, vita, votis, privilegiis, miraculis, doctrina, morte. Conscripta ab Elia Hasen-
millero, et nuper edita a Polycarpo Leysero, nunc vero in
gratiam lectoris veritatis studiosi correcta et refutata a
Jacobo Gretsero. Ingolstadii, 1594.
**) Honorarium Polycarpo Lausero Praedicanti Luthe-
rano, ob Historiam Jesuiticam, denuo editam, et nova prae-
fatione adversus Jacobum Gretserum locupletatam et exor-
natam: datum et oblatum gratae mentis ergo ab eodem Jacobo Gretsero. Ingolstadii, 1606.

quier mit seinem Recesse vor dem Pariser Parlamente
1572. Von dieser Klageschrift wollen wir nur das
Urtheil Bayle's hören, (es war dies ein für die
Jesuiten gewiß nicht eingenommener Protestant); er
sagt: „Pasquier mußte sich selbst gestehen, daß seine
Streitschrift gegen die Jesuiten eine bloße Schmähschrift war, deren Ungrund vor den Augen der ganzen
Welt bis zur höchsten Evidenz dargethan ward." —
Die Vertheidigung der Jesuiten hatte der edle Ver-
soris übernommen. Seine Apologie, auch formell
nach dem damaligen Begriffe von Beredsamkeit vollendet, dazu mit Würde vorgetragen, war auf so
entscheidende Rechtsgründe gestützt, daß sie selbst das
den Jesuiten so abgeneigte Parlament zu einer gün-
stigen Entscheidung vermocht hat.

Schon dieses sollte unser kritisches Deutschland
bedenklich machen, Pasquier als Geschichtsquelle aus-
zuschreiben, wenn es davon absehen wollte, daß der
eben angeführte Bayle ihn geradezu einen „Pas-
quillmacher" titulirt, „welchen als Schriftsteller an-
zuführen, höchst unbesonnen wäre, indem man zu
ihm sagen könnte: ich habe Beweise gefordert und
du führst Mährchen an?"*)

Das ist noch nicht Alles. Pasquier kennzeichnet
sich selbst durch ein anderes „Quellenwerk" der anti-

---

*) S. Kerz zu Dallas „Ueber den Orden der Jesuiten."
Regensb. 1852. S. 116 ff.

jeſuitiſchen Kreuzritter, den „Catéchisme des Jésuites“:
ein Schandproduct, dem er am Ende durch Trave-
ſtirung des „Gebetes des Herrn“ und des „Engli-
ſchen Grußes“ die Krone der Schmach aufgeſetzt hat,
ein obſcönes Monſtrum, das die „ordonnances
d'amour“ deſſelben Verfaſſers, d. h. den luxuriöſeſten
Rauſch eines Dichters noch übertrifft.

Uebrigens hat Pasquier in ſpätern Jahren über
den von ihm mißhandelten Orden eine andere Sprache
geführt; viele Briefe aus dieſer Zeit ſind mit den
ehrendſten Lobſprüchen auf die Jeſuiten angefüllt.
Kann man dieſes ignoriren? Es fordert doch jedenfalls
die Gerechtigkeit, nicht blos die Angreifer, ſondern auch
die Vertheidiger zu hören. Dahin gehört: La chasse
du renard Pasquier, descouvert et pris en sa tan-
nière du libelle diffamatoire faux-marqué le catéchisme des Jésuites; par le sieur Felix de la
Grace, gentilhomme françois. Villefranche, chez
Hubert le Pelletier, 1602.

An Pasquier reiht ſich würdig an Advokat Antoine Arnauld, der ältere, mit ſeiner Klageſchrift,
bei deren Vortrage vor dem Parlamente er in ſeiner
Leidenſchaftlichkeit ſo weit ging, daß er ſich ſelbſt
von dem jeſuitenfeindlichen Präſidenten einen Ver-
weis zuzog. Wenn es je nöthig iſt, geſchichtskun-
dige Deutſche vor einem Schriftſteller zu warnen,
der ſeinen Leſern verſichern durfte, Karl V. habe

seine Größe den Jesuiten zu verdanken, was für diese allerdings ein Majestätsverbrechen gegen die „große Nation" begründet hätte; so registriren wir hier: „La vérité défendue pour la religion catholique. En la cause des Jésuites. Contre le Playdoyé d'Antoine Arnauld. Par Francois des Montaignes. Tolose, Colomiez, 1595; — in's Lateinische übersetzt von Gretser.*) Eine andere Erwiederung hat der Jesuit Richeome verfaßt: „Plainte Apologétique au Roy tres-chrestien de France & de Navarre pour la Compagnie de Jésus contre le Libelle: Le franc et véritable discours, etc. . . Par Louis Richeome, religieux d'icelle Compagnie. Bordeaux, 1603 . .**) Ferner schließen sich an die von der Gesammtheit der französischen Jesuiten an den König überreichten „Vorstellungen".***)

Auf einen andern Angriff des Advokaten Marion

---

*) Apologia Francisci Montani pro Societate Jesu in Gallia contra Antonii Arnaldi Advocati Parisiensis Philippicam. Ex Gallico in Latinum translata. Accessit appendix ex historia de facto Joannis Schattelii studiosi Parisiensis. Ingolstadii, 1596. Im 11. Bande der sämmtl. Werke des P. Gretser. Regensb. Ausgabe, 1738.

**) Uebersetzt unter dem Titel: Expostulatio Apologetica ad Henricum IV. pro Societate Jesu latine facta ab Andrea Valladerio. Lugduni, 1606.

***) Très-humble remonstrance et requête des religieux de la Compagnie de Jesus au très-chrestien Roy de France Henri IV. Bourdeaux, 1598.

werden wir hingewiesen durch die Schrift: Response de Rene de la Fon pour les religieux de la Compagnie de Jesus. Au Playdoyé de Simon Marion en l'arrest donné contre iceux le 16 d'Octobre 1597. Avec quelques notes sur le Playdoyé et autres subjects des recherches d'Estienne Pasquier. A Nos Seigneurs de la Court de parlement de Paris. Ville-Franche, 1599.

Hier können wir kurz sein. Der König Heinrich IV. hat selbst geantwortet auf den „franc discours" des Präsidenten von Harlay, der die Schmähungen dieser Advokaten-Periode officiell vor ihm recapitulirt hatte. Noch jetzt ist diese Rede eine allseitige, authentische Vertheidigung der Jesuiten. Sie wurde mannigfach übersetzt und abgedruckt für alle jene, die es für ehrenvoller halten, für Wahrheit und Recht einzustehen, als mit obligatem Feldgeschrei blind der Jesuitenmeute nachzulaufen. — Damals schloß sie die Acten der Parlamenter.

3. Nach dem Tode Heinrichs ruhte die Hetze. Bald jedoch war das Feld zu neuem Kriegszuge entdeckt; als Kämpen fanden die Jansenisten sich ein. „La morale pratique des Jésuites" und „La théologie morale des Jésuites" ernteten großen Beifall; stammten sie doch von einem Sohne jenes Advokaten Arnauld, von dessen Familie allgemein gesagt wurde, der Haß gegen die Jesuiten sei ihre zweite

„Erbsünde". Das Parlament von Bordeaux jedoch urtheilte gerechter; es ließ diese Werke als „ärgerliche und verleumderische" Schmähschriften öffentlich zerreißen und verbrennen. Nicolaus Caussin aber, ein berühmter Jesuit, ließ gegen sie die „Apologie pour les religieux de la Compagnie de Jésus. Paris & Liège, 1644," und eine „Réponse au libelle intitulé: La théologie morale des Jèsuites. Paris, 1644" erscheinen.

Schriftsteller, die gegen die Jesuiten schrieben, durften auf Erfolg rechnen, auch wenn sie öffentlich gebrandmarkt waren. So wurde denn ein Buch, wie „La nouvelle théologie morale des Jésuites et des nouveaux casuistes," abermals wie ein Orakel geglaubt; es war ein Schandwerk der Jansenisten, und wurde im J. 1666 zu Köln neu aufgelegt, aber sofort auch zu Rom, den 10. April desselben Jahres, von der Congregation des h. Officium verurtheilt. Dadurch wurde das Buch erst pikant.

Gleiches Verdienst gebührt Perrault's dickem Quartbande „La morale des Jésuites. 1667." Er war größtentheils aus einem ältern Buche des calvinistischen Predigers Pierre du. Moulin zusammengestoppelt und wurde von der Sorbonne, obgleich der Verfasser selbst Doctor der Sorbonne war, für ein „mit Unbilden, Betrügereien und Verfälschungen angefülltes Buch" erklärt und in Folge eines Parlaments§beſchluſſes 1670 zu Paris durch den Büttel öffentlich verbrannt.*)

Was mußte das für ein Frankreich, was für ein Publikum ſein, das ſich von infamen Verleumdern über einen religiöſen Orden belehren ließ!

Endlich kam Blaſius Paſcal — nicht als der geniale Mathematiker, ſondern als Stimmführer des abgefeimten Janſenismus — und verdrehte vollends alle Köpfe. Seine „Provinzialbriefe"**) ſind ausge= zeichnet durch ihren ſpielenden, feinen Scherz und den beißenden Witz, der die Pariſer auf Koſten des ſittlichen Gefühles wieder einmal recht zum Lachen brachte.

Die Franzoſen waren von ihrer verwundbarſten Seite gepackt. Das Werk von P. Daniel: „Entre-tiens de Cléandre et d'Eudoxe sur les lettres au provincial. Cologne, 1694," obwohl ins Latei= niſche, Italieniſche, Spaniſche und Engliſche über= ſetzt,***) mußte im Nachtheil bleiben, weil es in der

---

*) S. Kerz zu Dallas a. a. O. S. 187.

**) Unter dem Titel „Lettres écrites par Louis Montalte à un provincial de ses amis." Riffel ſagt: Montalte (Hoch= berg) nannte ſich Paſcal mit Anſpielung auf ſein gebirgiges Va= terland, die Auvergne, woſelbſt er 1623 zu Clermont geboren war. Nicole überſetzte die Briefe ins Latein mit Noten verſehen, aber auch unter dem falſchen Namen Wilhelm Wendrok. S. 131.

***) In's Lateiniſche überſetzte das Buch P. Jouvency: „Clean-der et Eudoxius, seu de provincialibus, quas vocant, literis,

Frivolität mit dem Gegner nicht concurriren konnte.
Da das Publikum auch heute noch durch den berühmten Namen dieses Franzosen bisweilen hinter's Licht
geführt wird, so mögen folgende Zeugnisse jeden
Leser, sei er Katholik, Protestant oder was immer,
über die Glaubwürdigkeit der „Provinzialbriefe"
belehren.

Bayle, gewiß unverdächtig, theilt uns in seinem
bekannten „Dictionnaire historique et critique,
3ᵉ ed. revue, corrigée et augmentée par l'auteur,
Rotterdam, 1720," S. 3189 folgendes Zeugniß mit:
„Es ist vor kurzer Zeit eine Antwort auf die Provinzialbriefe erschienen, welche dieselben gänzlich zu
Grunde richtet (qui les bat entièrment en ruine),
ohne ihnen jedoch großen Schaden zu thun. Wie
ist das möglich? Weil, obgleich diese Antwort —
fasse voir évidemment les injustices outrées, les mé-
disances atroces, les faussetés injurieuses, répandues
dans toutes ces lettres — die ausschweifenden Ungerechtigkeiten, die heftigen Verleumdungen, die

dialogi e gallico exemplari edito Coloniae Agrip. 1694.
Puteolis 1695." — Ins Italienische P. Joh. Bapt. Benedetti:
„Ragionamenti di Cleandro e di Eudosso sopra le Lettere
al Provinciale, recati nell' Italiana favella dall' original
Francese. In Pozzuolo, 1695. — Die spanische Uebersetzung
ist von P. Jos. Alcaraz, der sich hier anders nennen wollte: „Con-
versationes de Cleandro y de Eudoxio, sobre las cartas al
Provincial, por D. Joseph de Torquemada. Madrid, 1697.

schimpflichen Unwahrheiten offenbar darthut, die in allen diesen Briefen wider eine der berühmtesten, im Dienste der Kirche stehenden, Gesellschaften ausgestreut sind, sie dennoch seit langer Zeit durch ihre kurzweilige und heitere Form die Partei der Lacher (welche groß und doch sehr klein) auf ihre Seite gezogen haben und so in dem Besitze einer Gewalt und eines Ansehens sind, die man ihnen schwerlich wird rauben können. Die Jesuiten mögen der Kirche und dem gemeinen Wesen immerhin wichtige Dienste leisten, viele Leute werden dennoch mit der größten Leichtgläubigkeit die Provinzialbriefe lesen und die Antwort weder ansehen, noch davon hören wollen. In Wahrheit ist die vorgefaßte Meinung bei dieser Gelegenheit ein sehr ungerechtes, sehr grausames und sehr halsstarriges Urtheil, weil sie — obgleich diese Briefe durch die Päpste, durch die Bischöfe, durch die Doctoren verdammt und vermöge des Ausspruchs des Parlaments und Staatsraths durch Henkershände verbrannt worden — die Köpfe dermaßen eingenommen hat, daß sie sich allen diesen Mächten widersetzt."

Abgesehen von den Verurtheilungen durch die Parlamente von Paris und Bordeaux führt der erwähnte Bayle das Urtheil des Parlaments von Aix an, welches die Provinzialbriefe unterm 9. Februar 1657 als „diffamatoires, calomnieuses et pernicieuses au public (ehrenrührig, verleumderisch und

für das Publikum gefährlich)" bezeichnet und deshalb
verfügt: „qu'elles seront remises entre les mains
de l'executeur de la haute Justice, pour estre par
luy brûlées sur le Pilory de la place des Prescheurs
de cette ville d' Aix (daß sie sollen übergeben werden
den Händen des Henkers, um durch ihn verbrannt
zu werden an dem Pranger des Predigerplatzes dieser
Stadt Aix)." Um die Geschichte dieses „classischen"
Produkts zum Abschlusse zu bringen, setzen wir aus
demselben Bayle hinzu, daß die Provinzialbriefe nebst
den beigefügten Noten und Abhandlungen von Wendrok (d. h. Nicole) auf Befehl des Königs von drei-
zehn Doctoren der (den Jesuiten feindlich gesinnten)
Universität von Paris geprüft wurden; und als diese
das Buch, wegen seiner „Verleumdung und Frechheit," „digne des peines que les loix décernent contre les Libelles diffamatoires et Hérétiques" (als
werth der Strafe, welche die Gesetze wider ehrenrüh-
rige und ketzerische Schriften verhängen) censurirten,
nach einem Beschlusse des Staatsraths von Paris
verbrannt wurden.

Man kann sagen, diesem Verwerfungsurtheile
haben alle unparteiisch prüfenden Geschichtsforscher
und Publicisten beigestimmt; beispielsweise nennen
wir den Freiherrn von Murr*) und Dallas**), beide,

---

*) S. Rh. Conv.- Lex. „Jesuiten".
**) Ueber den Orden der Jesuiten. 2. Aufl. Regensb. 1852. S. 24.

wie bekannt, Proteſtanten. Sogar Voltaire, obwohl
Blaiſe Pascal ſeiner Sache den größten Dienſt er=
wieſen hat, muß doch geſtehen: „Es iſt wahr, daß
das ganze Buch auf falſchem Grunde beruht. . . . .
Aber es kam hier nicht darauf an, Recht zu haben,
ſondern das Volk zu beluſtigen“ *). Verabſchieden
wir uns von Pascal mit den Worten desſelben
Voltaire an Mr. de s' Gravesande: Les hommes
d'une imagination forte comme Pascal parlent avec
une autorité despotique; les ignorans et les faibles
écoutent avec une admiration servile; les bons
esprits examinent“ (Die Menſchen von ſtarker Ein=
bildungskraft, wie Pascal, ſprechen mit deſpotiſchem
Anſehen; die Ignoranten und Schwachköpfe hören
mit ſerviler Bewunderung zu; die vernünftigen Leute
prüfen.) Mélanges de Littérature, t. I.

4. In dieſe Erbſchaft der Janſeniſten theilten
ſich im vorigen Jahrhunderte ihre Epigonen, einige
Advokaten, aber vorzugsweiſe die Philoſophen des
Atheismus. Das Freundſchaftsverhältniß dieſer letz=
tern zu den Janſeniſten iſt uns charakteriſirt durch
die Worte d'Alembert's an den Patriarchen von
Ferney: „Legen wir ja den janſeniſtiſchen Spinnen
keine Hinderniſſe in den Weg, die Jeſuiten aufzu=
freſſen; ſind dieſe einmal vertilgt, dann wird die jan=

---

*) Zeitalter Ludwigs XIV. Deutſch, Berlin, 1752. Bd. 2.
S. 300.

ſeniſtiſche Canaille von ſelbſt ihres ſchönen Todes
ſterben."*)

Von ſolchen Führern empfing man jetzt die Pa-
role in aller Devotion — zu einem Kampfe gegen
die Jeſuiten auf Leben und Tod!

Voran ging die franzöſiſche Encyklopädie mit
ihrem Artikel „Jeſuiten". Diderot und Freund
d'Alembert hatten ihn geſchrieben, die zwei Häupter
jener furchtbaren Philoſophenſchule, welche ohne den
Sturz des ausgezeichneten Ordens wahrſcheinlich mit
ihrem Jakobinerthume nicht zu Stande gekommen
wäre. Dies war das Signal; wie berückt, einer
Prüfung nicht mehr fähig, ſtürzte die wilde Meute
nach. Coudrette ließ ſeine berüchtigte ſechsbändige
„Histoire des Jésuites" los. Er wurde als irreli-
giöſer Pamphletiſt bald in die Baſtille, bald in das
Schloß Vincennes geſperrt. Aber er fand dennoch
Anklang. Vergebens erhob Courtois, ſowie ein anderer Jeſuit in den „Précis pour servir de réponse
aux accusations faites contre les Jésuites" ſeine
Stimme zur Vertheidigung; ſie wurde übertäubt,
ebenſo wie der „Appel á la raison, des écrits et
libelles publiés par la passion contre les Jésuites.
2ᵉ ed. Bruxelles, 1762, der gegen Cheauvelin's
Schmähſchrift: Les Jésuites criminels· etc., erhoben

---

*) S. Riffel, S. 139.

war, d. h. gegen ein im Club Hohlbach's, des berüchtigten pfälzischen Barons, der durch seine Küche und seine Weine sich die Philosophen befreundet hatte, abgekartetes Machwerk.

Die Philosophen gingen voran, die Jansenisten durften nicht zurückbleiben; sie veröffentlichten ihre „Extraits des assertions . . . . des soi-disants Jésuites. Paris, 1762, d. h. einen dickleibigen Quartband, in den man alles Kehricht früherer Schmähschriften von Arnauld, Pascal, Perrault und Compagnie zusammengefegt hatte. Man erreichte damit eine Verwirrung vieler Köpfe, wenn auch noch nicht Alles. Und bis zur Stunde schöpft in Deutschland aus dieser Quelle, wer immer sich gegen die Jesuiten eine Prämie der „Intelligenz" verdienen will. Dennoch hat der Protestant von Murr in seiner „Geschichte der Jesuiten in Portugal. 2. Thl." hierauf bezüglich frei erklärt: „Die Gegner erlauben sich sehr oft den Text eines Bellarmin, Toledo, Vasquez und anderer Jesuiten theils ganz zu verstümmeln, theils falsch zu übersetzen, theils zu verdrehen, theils auch Schriftsteller des 16. und 17. Jahrhunderts in das 18. zu versetzen, so daß auch jeder unbefangene Protestant, dem es um Wahrheit der Beweise zu thun ist, darüber unwillig werden muß." Zur Gegenprobe können wir jedem Unbefangenen, der es mit Geschichtstreue ernstlich meint, empfehlen: „Réponse

au livre intitulé: Extraits des assertions etc. 1763",
ein Werk von 4 Theilen, aber gewöhnlich in drei
Quartbänden, wo mit Kraft und Ruhe, mit erstaun=
licher Gründlichkeit und zwingender Logik der Fäl=
schungsplan der Gegner bis in's Detail aufgedeckt,
hingegen die Lehre der Gesellschaft Jesu glänzend
gerechtfertigt wird. Wer etwas Kürzeres vorzieht,
den verweisen wir auf „Lettres à Mr .... Con-
seiller au Parlement de Paris, où on lui rend compte
de quelques entretiens, dans lesquels un Docteur
en théologie découvre, par quels moyens le livre
des „Assertions" a surpris la sagesse des Magistrats. 1763."

Noch existiren aber die Jesuiten auf dem Boden
Frankreichs. Das war für Jansenisten und Philoso=
phen gleich unerträglich; darum schickten diese jetzt
ihre Advokaten zur schließlichen Hetze der Parlamenter.

Der erste dieser Wortführer ist de la Chalotais
mit seinem „Compte-rendu des constitutions des
Jésuites." Damals schon war es bekannt, wie Meister
d'Alembert ihm die Lection geschrieben, die er dann im
Parlamente nur passabel herdeclamirte; und um uns
über diese zweideutige Autorität noch mehr aufzuklä=
ren, versichert uns der berühmte Lally Tolendal,
Chalotais sei nicht blos dem Orden spinnenfeind,
sondern auch der geheime Geschäftsträger der könig=
lichen Maitresse, die, mit dem Premier=Minister

Choiseul verbündet, im Zorne einer Juno geschworen hatte, den Jesuiten-Orden zu zerstören und auf ewig vom französischen Boden zu verbannen.

Ein würdiger Rival von Chalotais war Hr. Ripert de Montclair. Diesem General-Procurateur des Parlaments von Aix wurde der „compte-rendu", womit er geharnischt gegen die Jesuiten auftrat, fix und fertig aus Paris zugeschickt, mit dem Köder, er sollte Großkanzler von Frankreich werden, wenn er seinen obligaten Namen darunter setze.

Leider erfuhr er bald, daß auf diesem Boden ihm keine Rosen erblühen könnten. Die „Cent et quelques contradictions", welche man aus Montclair's jesuitenfeindlichen Schriften zusammenstellte, haben ihm selbst klar gemacht, wie sehr die ihm aufoctroyirten Interessen mit seinen eigenen bessern Ueberzeugungen im Widerspruche ständen; und als er endlich auf dem Sterbebette (1773) vollends zur Besinnung kam, da ließ er einen feierlichen Widerruf alles dessen, was er gegen die Religion, gegen den h. Stuhl und gegen die Jesuiten gesprochen oder geschrieben hatte von der Kanzel seiner Pfarrei ablesen und ihn durch den Bischof von Aix dem Papste Clemens XIV. überschicken.

Und dennoch, obwohl die Intrigue offen lag, ließen sich die Parlamenter gebrauchen, die Jesuiten zu verurtheilen.

Wer dies ganze Gewebe der Ungerechtigkeit näher durchschauen will, möge das interessante Werk nachsehen: „Compte rendu au public des comptes rendus aux divers Parlemens et autres cours supérieures. Précédé d'une réponse décisive aux imputations dont on a chargé les Jésuites, leur Régime et leur Institut." Paris, 1765.*)

In Frankreich war die öffentliche Meinung schon zu corrumpirt, als daß eine Darlegung des wahren Sachverhalts sie hätte umstimmen können. Zu ihrer Verwirrung in der genommenen Richtung sollten noch zwei Geschichtschreiber dieser Zeit das ihrige beitragen; es sind dies die Herren de Thou und Prynne.

Betrachten wir de Thou, den Franzosen. Er ist getauft als Katholik und schwärmt für die Hugenotten; also ist er wenigstens zweideutig. Es ist übrigens wahr, er schreibt ein fließendes Latein, seine Darstellung ist zierlich und lebhaft. „Verschwörungen gegen das Leben der Könige," sagt Kerz „sind sein Lieblingsthema. Der Papst, als Oberhaupt der katholischen Kirche, steht jedesmal an der Spitze des Complots. Nach diesem spielt Spanien die zweite Hauptrolle, und ein Cardinal nebst einem spanischen

---

*) Oder auch: „L'esprit des Magistrats philosophes ou Lettres ultramontaines d'un Docteur de la Sapience à la Faculté de Droit de l'Université de Paris. Tivoli, 1765. 3 Bde.

ober öftreichifchen Minifter haben alle Hände voll
babei zu thun. Im Hintergrunde figuriren meiftens
einige Ordensgeiftliche; aber den Hauptknoten fchürzt
ftets ein Jefuit. Alles fchön dramatifirt und mit
einer herzbrechenden Kataftrophe gefchloffen."*)

Empfangen wir fodann fein eigenes Zeugniß.
Nachdem de Thou alle Schande und Schmach auf
die Jefuiten zu wälzen fich bemüht hatte, überläßt
er denfelben Jefuiten feinen Sohn zur Erziehung
und Bildung. Was follen wir nun annehmen: war
de Thou ein fchlechter, graufamer, unnatürlicher Vater? oder hat er mit diefem Zeugniffe feines Ver-
trauens feine frühern Schmähungen als ungerecht
widerrufen?

Werfen wir jetzt einen Blick auf den Engländer
Prynne.

Er ift deutlich gekennzeichnet: feine Ohren find
von Henkershand durchftochen, und auf die Backen
find ihm die beiden Buchftaben S. L. (Seditious
Libeller d. h. aufrührerifcher Libellift) gebrannt.
Frühzeitig als fchlechter Menfch und höchft gefähr-
licher Pasquillant berüchtigt, wurde er von den Ge-

---

*) Der gelehrte Prof. Paquot von Löwen hat ihm folgendes
„Testimonium" ausgeftellt: „Thouanus audax nimium, hostis
Jesuitarum implacabilis; calumniator Guisarum, Hogonotto-
rum exscriptor, laudator, amicus; Sedi Apostolicae et Sy-
nodo Tridentinae totique rei catholicae parum aequus."

richtshöfen zum Pranger und zu lebenslänglicher
Gefängnißstrafe verurtheilt. Die Anarchie gab ihm
die Freiheit wieder. Und dieser Mensch durfte jetzt
ganz England mit Schriften überschwemmen, in wel=
chen er die königliche Würde, die katholische Kirche,
die Episcopalen, besonders aber die Jesuiten aufs
allerfrechste verleumdete!

Sind das Gewährsmänner der Wahrheit gegen
die berühmte Gesellschaft Jesu?

Sie wurde indeß in Frankreich durch ein kö=
nigliches Edict im November 1764 als aufgehoben
erklärt. Das Gezücht der verschrobenen Jansenisten
erhob mit den Meistern vom Philosophenstuhle ein
Triumphgeschrei; die Flachköpfe aber von damals
und von heute haben diesen Justizmord als einen
unwiderleglichen Beweis aller gegen die Jesuiten
vorgebrachten Anschuldigungen betrachtet. Anders
die leidenschaftslose Geschichte: sie klagte mit Joh.
v. Müller, „daß eine gemeinschaftliche Vormauer aller
Autoritäten gefallen war.“ Sie legte in die andere
Wagschale das Schreiben Clemens XIII. an den
König, vom 9. Juni 1762, worin dieser dringend
aufgefordert wird, seine ganze Gewalt zum Schutze
dieses Ordens aufzubieten, weil die Verschwörung ge=
gen ihn im Grunde nur gegen die christliche Religion
selbst gerichtet sei; sowie das Breve desselben Pap=
stes an die zu Paris versammelten Erzbischöfe und

12

Bischöfe Frankreichs*). An den Papst schließt sich der Dauphin von Frankreich mit seiner Erklärung vor dem Staatsrathe an: „Das Gut des Friedens und der öffentlichen Ruhe, wovon man spricht, wünsche ich ebensosehr, als irgend ein Anderer; aber sie bestehen in der Achtung für Gerechtigkeit und nur darin. Ich erkläre, daß ich weder bei meiner Ehre, noch bei meinem Gewissen für die Vernichtung der Gesellschaft dieser trefflichen Männer stimmen kann, die ebenso nützlich sind zur Handhabung der Religion unter uns, als nothwendig zur

---

*) „Was für den Staat," heißt es darin, „das Traurigste, dem Besten des gläubigen Volkes am meisten entgegen und das größte Unrecht ist gegen den heiligen Stuhl und Euch, ist, daß die Partei zu einer solchen Macht gelangt ist, daß sie unter Euern Augen die Gesellschaft Jesu, die zu allen Zeiten aus ihrem Schooße die eifrigsten Vertheidiger des Glaubens hervorgehen sah, und die stets ein Zeichen war, das zur Zielscheibe des Widerspruchs diente, zu unterdrücken und zu zerstreuen waget. Ihr Institut, bestätigt durch die katholische Kirche auf dem Concilium von Trient, belobt und mit Wohlthaten überhäuft von so vielen Päpsten, unsern Vorfahren, aufrecht erhalten bis jetzt durch die Macht und das Wohlwollen der allerchristlichsten Könige, gelobt von Euch selbst, weniger aus Dankbarkeit, als nach einem von der Billigkeit geforderten Urtheile — dieses Institut, man überdeckt und überhäuft es heut zu Tage mit einer Menge thörichter und erbärmlicher Schmähungen; man stellt es ungerechter Weise als einen der Kirche anklebenden Flecken hin; man gibt es, um das Schmählichste ihm anzuthun, den Augen eines ganzen Volkes Preis, und in die Hände des Henkers, um ins Feuer geworfen zu werden. Aber die größte Thorheit ist, daß Laien Gelübde für nichtig erklären, über deren Gültigkeit die Kirche allein zu entscheiden berechtigt ist."

Erziehung der Jugend." Der Erzbischof von Paris, Christoph von Beaumont, erließ seinen berühmten Hirtenbrief*); und in der Bulle „Apostolicum," unterm 7. Januar 1765, wollte Clemens XIII. das Institut der Gesellschaft Jesu aufs herrlichste vertheidigen und wiederholt bestätigen.

5. „Allein Papst Clemens XIV. hat doch den Jesuitenorden aufgehoben —"

„Hier," sagt Dr. Heinrich,**) „könnte man die Gegner fragen, ob der einzige Papst Clemens XIV. eine größere Autorität habe, als alle übrige Päpste vor ihm seit Paul III., der 1540 die Gesellschaft zuerst bestätigte, und nach ihm bis auf Pius IX.? Allein auch Clemens XIV. ist nicht ein Zeuge gegen die Jesuiten, sondern für sie; ja. mir scheint, daß es kaum ein kräftigeres Zeugniß für den Orden gibt, als gerade die Geschichte seiner Befeindung und seiner Aufhebung. Nicht die Kirche, nicht Päpste oder Bischöfe, nicht gläubige Katholiken, nicht die christlichen Völker, auch nicht die Protestanten haben die

---

*) Die Kirche, ihre Autorität, ihre Institutionen und der Jesuitenorden von Christ. v. Beaumont, Erzbischof von Paris. Mit einem Anhange von Zeugnissen und Urtheilen über den Jesuitenorden, gesammelt und mit Anmerkungen begleitet von einem Staatsmanne. Aus dem Französischen übersetzt und mit einer Einleitung versehen von Dr. Castioli Schaffhausen, 1844.

**) Die Reaction des sogenannten Fortschrittes gegen die Freiheit der Kirche und des religiösen Lebens. Mainz, 1863. S. 180.

12*

Unterdrückung der Gesellschaft Jesu herbeigeführt,
sondern lauter Gegner, welche nicht blos von der
Kirche und der christlichen Moral, sondern auch von
der Geschichte längst gerichtet sind: es war der ent=
artete Despotismus der bourbonischen Höfe, es war
der heuchlerische Sektengeist des Jansenismus, es war
endlich jene große Verschwörung einer verwerflichen
Freigeisterei gegen das Christenthum, welche bald
nach dem Sturze des Jesuitenordens die Ausrottung
des Christenthums in der ersten französischen Revo=
lution versuchte. Schon unter dem Vorgänger Cle=
mens des XIV., unter Clemens XIII. hatte man durch
die verwerflichsten Mittel der Verleumdung und Lüge
die Verfolgung des Ordens begonnen und mit allen
einem gewissenlosen Despotismus zu Gebote stehen=
den Mitteln dessen Aufhebung von dem Oberhaupt
der Kirche zu erpressen gesucht. Allein Clemens XIII.
nahm sich mit unerschütterlicher Festigkeit des unge=
recht verfolgten Ordens an; der gesammte Episcopat
und Clerus Frankreichs trat für denselben in feier=
lichen Declarationen auf; mehr als 300 Bischöfe aus
allen Theilen der Welt erließen Schreiben, worin sie
die lügenhaften Beschuldigungen gegen den Orden
zurückwiesen.

„Nach dem Tode des starkmüthigen Clemens XIII.
übten die bourbonischen Höfe einen heillosen Druck
schon auf die Papstwahl. Der gewählte, neue Papst,

Ganganelli, aus dem Orden der Minoriten, war kein Gegner der Jesuiten, vielmehr war er als Cardinal mit Vorliebe ihnen zugethan; allein er war schwach und weltklug. Man drohte ihm mit Abfall und Schisma, wenn er nicht dem Andrängen der bourbonischen Höfe auf Aufhebung des Ordens nachgäbe, und so erließ er nach langem Zögern und, wie er ausdrücklich sagt, um des lieben Friedens willen ein Breve, wodurch er den Orden aufhebt, nachdem er ihm für sein Wirken in der Vergangenheit ein glänzendes Lob gespendet hat; aber, sagte er, er könne in der Gegenwart nicht mehr wirken und außerdem bestimmten ihn andere wichtige Gründe, die er verschweige (er konnte damit nichts Anderes meinen, als die ihm gemachten Drohungen). Höchst charakteristisch ist in dem Breve die Aeußerung, um der Liebe und der Erhaltung des Friedens willen müsse man auch das theuerste und schmerzlichste Opfer zu bringen bereit sein. Hiernach unterliegt es keinem Zweifel, daß Clemens XIV. keineswegs den Orden verdammt, wohl aber geglaubt hat, ihn dem Andrängen seiner Feinde und der Feinde der katholischen Kirche zum Opfer bringen zu müssen, wie man ein kostbares Gut über Bord wirft, um dem Schiffbruche zu entgehen.

„Er täuschte sich; nach wenigen Jahren schon gingen die Wogen der damals von oben systematisch großgezogenen, antichristlichen Revolution über Europa dahin. In Frankreich starb der Nachfolger Ludwig des XV. auf dem Schaffotte; der Nachfolger Clemens des XIV., welcher letztere selbst in tiefer Melancholie die letzten Jahre seines Lebens zugebracht hat, Pius VI., starb in der Gefangenschaft. Als der schreckliche Sturm, der die Kirche äußerlich verwüstete und innerlich erneuerte, ausgetobt hatte, erschienen einige fromme Priester, darunter ehrwürdige Greise, ehemalige Mitglieder der Gesellschaft Jesu, vor Pius VII. mit der Bitte, ihnen zu erlauben, wieder nach der ihnen theuren Ordensregel leben und der Kirche dienen zu dürfen, und nun erließ derselbe die Wiederherstellungs=Bulle, worin er sagt, daß er mit Freuden eine Schuld abtrage, indem er eine Gesellschaft, die der Religion so viele Dienste geleistet hätte, wieder herstelle; es wäre ja, fügt er bei, unrecht, so gute und tüchtige Arbeiter zurückzuweisen.

„Man sieht, Clemens XIV., der den Orden aufhob und Pius VII., der ihn wieder herstellte, widersprechen sich keineswegs: jener hob ihn auf mit Schmerz, dieser stellte ihn her mit Freude. Hiernach kann es für einen Katholiken nicht zweifelhaft sein, was er von der Gesellschaft Jesu zu denken hat."

6. Im neuesten Stadium hat man die Fehde gegen die Gesellschaft Jesu vornehmlich auf deutschem

Boden geführt. Hiebei haben ihren Gegnern, neben den sattsam charakterisirten Schmähschriften, die jenseits des Rheins das Tageslicht erblickten, mehr als einmal, die sogenannten „Monita secreta" dienen müssen, jedesmal natürlich als eine originelle wissenschaftliche und culturhistorische Entdeckung. Sie waren indeß schon im Jahre 1612, unter dem Titel „Monita privata Societatis Jesu" gedruckt und in Krakau heimlich verbreitet; im Jahre 1615 aber vom dortigen Bischofe, Peter Tylicki, und im Jahre 1616 von der Congregation des Index zu Rom als „eine entehrende und gottlose Schmähschrift" verdammt.

Doch was hat das für ein gewisses Publikum zu bedeuten? Wenn der alte Skandal durch neue, pikante Würze nur gaumenfähig gemacht wird, man liest doch wieder mit Interesse z. B. „die geheimen Instruktionen für die Gesellschaft Jesu", oder „die Staat und Kirche bedrohenden Plane des Jesuitenordens, der Gegenwart zur ernsten Erwägung vorgeführt im lateinischen Urtexte mit deutscher Uebersetzung von Dr. H. A. Bergmann, Pfarrer. Erfurt 1853. Druck und Verlag von Hennings und Hopf" — oder, wenn man noch glücklicher ist, „Die geheimen Gesetze der Jesuiten. Nach einer im Galenschen Convict zu Münster im Jahre 1729 angefertigten Originalhandschrift, aus dem Lateinischen übersetzt, mit einer Einleitung und Anmerkungen ver-

sehen und zum allgemeinen Nutzen herausgegeben.
Minden und Leipzig. Verlag von F. Eßmann. 1852."
Will man sich belehren, so ziehe man ein Schriftchen
unter dem Titel: „Die Verleumder der Jesuiten in
Deutschland. Köln, Bachem, 1853" zu Rathe. Haupt-
sächlich aus dieser trüben Quelle der bis zum Ekel
aufgetischten Monita secreta schöpfte auch Jordan,
Professor der Rechte in Marburg, sein berüchtigtes
Pasquill: „Die Jesuiten und der Jesuitismus".
Einer frühern Zeit angehörig ist" Lang's Geschichte
der Jesuiten in Baiern" mit ihren boshaft ver-
drehenden Erklärungen der Verfassung des Jesuitenordens, die indessen nur aus französischen Quellen
ungeschickt genug abgeschrieben waren. Gegen sie ist
erschienen: „Widerlegung der Lang'schen Behauptung
einer gesetzlichen Sünde-Anbefehlung unter den Jesuiten, nebst Andeutung von philosophischen Heil-
mitteln gegen die vier Hauptrevolutionsprincipe im
jetzigen Europa von Christ. Mensch, einem Protestanten. Mainz 1824.

Doch ein Hauptheld in dieser Art von Kampf bleibt
Ellendorf; die Rittersporen hat er sich in seinen „historischen kirchenrechtlichen Blättern für Deutschland", und
in seinem Machwerke: „Die Moral und Politik der Jesuiten. Darmstadt, 1840" verdient. — Ellendorf war der
Religion nach — man wußte nicht was. Katholik
hieß er, hat aber immer durch seine ganze geistige

Richtung gegen den Katholizismus protestirt. Seine
schriftstellerische Tüchtigkeit wird uns von der gut
protestantisch gesinnten berliner literarischen Zeitung
mit dem Zeugnisse empfohlen, „daß sich in seinen hi=
storischen Sudeleien Unwissenheit mit Anmaßung und
Uebermuth paare.“ Seine Rohheit, Oberflächlichkeit
und Windbeuteleien werden in Hug's „Zeitschrift für
Theologie“, Bd. VI. Hft. 2 gründlich nachgewiesen
und nach Verdienst gewürdigt; endlich durfte sein
letztes Geschreibsel „über das Primat der Päpste“
auf Befehl des — freisinnigen — Cultusministers
Eichhorn nicht einmal recensirt werden!

Aus solcher Schule sind alle übrige Darmstädter
und leipziger Fabrikate, wie „der Freimaurerbund
und die jesuitisch=hierarchische Propaganda von Frie=
drich.“ Darmstadt, 1845, und das mehr lächerliche,
als boshafte Buch „Der Jesuitenkrieg gegen Deutsch=
land.“ — Wir glauben nicht, daß diese und ähnliche
Produkte an und für sich ernstlich widerlegt zu wer=
den verdienen; doch um des Publicum willen ist
eine Widerlegung immerhin von großem Verdienste,
wie z. B. eine schon 1835 zu Augsburg erschienene
Schrift: „Ueber die angebliche Einmischung der Ge=
sellschaft Jesu in das Politische.“ Mehr ins Komische
wird die Jesuitenriecherei gezogen in den Schriften:

1) „Beiträge zur pragmatischen Jesuiten=
geschichte, aus Urkunden, die älter sind, als die Je=

suiten, hervorgesucht von einem Liebhaber der Anti-
quitäten. Nebst einem Gutachten der französischen
Bischöfe über die Gesellschaft Jesu in Frankreich, als
Zugabe." Augsb. 1833. — Damit hat man eine Zu-
sammenstellung der vielen, in der h. Schrift aufge-
zeichneten Frevel, welche theils von Einzelnen, theils
von ganzen Völkerschaften verübt worden, wobei gezeigt wird, daß es eigentlich die Jesuiten waren,
welche dies Böse sammt und sonders angestiftet
haben.

2) „Die Jesuiten in Leipzig, oder Professor
Flasche's Katastrophe. Ein Jammer- Trauer- und
Lustspiel mit einem Prologe, einem Acte, sechs Auf-
tritten, drei Scenen, und in zierlichen Reimen, von
Julius Stitzl. Augsbg. 1833." — Alles kann man da
finden, was die Jesuiten je gethan und nicht gethan
haben; fängt sehr traurig an, hört aber sehr lustig auf.

Von Hrn. Leu, Kortüm, Duller, Mundt u. s. w.
können wir schweigen. Wie „romanenhaft" auch sie
geschrieben haben, man liest doch lieber etwa „Ganganelli. Der Kampf gegen den Jesuitismus. Ein
Charaktergemälde für unsere Zeit von H. M. E.
Karlsruhe. 1845." Sein Echo hat übrigens mit dem
„Ewigen Juden" von Eugen Sue, auch dieser Roman gefunden in: „Der Jesuitenfresser, nebst Wan-
derpaß und Signalement des ewigen Juden von
Eugen Sue. Aus dem Französischen von Viktor

Joly übersetzt, mit dem Umschlagtitel: der ewige Jude von Eugen Sue. Supplementband zu allen Ausgaben. Regensbg., Manz. 1846".

Es liegt nicht in unserm Plane, hier eine vollständige Musterung aller gegen die Jesuiten erschienenen Schriften abzuhalten. Der Leser dürfte es uns schlechten Dank wissen, indem ihn die angeführten, welche wir fast aufs Gerathewohl aus der Masse herausgegriffen haben, schon hinlänglich über den wahren Charakter dieser Hetze belehren. Für solche, welche der Wahrheit selbst mehr auf den Grund gehen wollen, führen wir zur Berücksichtigung hier noch folgende Werke und Schriften an:

1) Gegen Jacobi aus Halle und Hugo Meyer, Bulle und Compagnie: „Die Jesuitenhetze in Bremen. Beleuchtet von Stephan Fiedeldey, Missionspriester." Bremen, 1863.

2) „Die Aufhebung des Jesuitenordens. Eine Beleuchtung der alten und neuen Anklagen wider denselben. Von Dr. Caspar Riffel." Mainz. 1845.

3) „Ueber den Orden der Jesuiten. Von R. E. Dallas, Esqu. (einem Protestanten). Aus dem Englischen frei übersetzt und mit vielen Noten und historischen Erläuterungen bereichert v. Friedr. v. Kerz. Neu herausgegeben, verbessert und mit vielen Anmerkungen vermehrt von einem katholischen Geistlichen der Diöcese Regensburg." Zweite Aufl. Regensb. 1852.

4) „Von dem Bestande und der Verfassung der Jesuiten. Aus dem Französischen des hochwürdigen P. de Ravignan v. d. Ges. Jesu." München, 1844. (In Paris ist 1855 eine siebente Ausgabe des vortrefflichen Buchs mit drei wichtigen Beilagen erschienen.)

5) „Jesuiten von einem Jesuiten." Aus dem Französischen des P. A. Cahour von J. Alan Amann. Augsbg. 1844.

6) „Documente zur Geschichte, Beurtheilung und Vertheidigung der Gesellschaft Jesu. Aus dem Französischen übersetzt von einem Priester der Erzdiöcese München=Freising." 8 Lieferungen (31 Documente enthaltend). Mit Stahlstichen. Mainz, 1844. — Ueber dieses Hauptwerk haben sich eilf der geachtetsten katholischen Journale Deutschlands in der anerkennendsten Weise ausgesprochen.

7) „Die Gesellschaft Jesu, ihr Zweck, ihre Satzungen, Geschichte, Aufgabe und Stellung in der Gegenwart von Dr. Buß " Mainz, 1853.

Wollte man nur prüfen und sich nicht durch die erste beste Schrift und Behauptung so leicht beschwätzen lassen! Noch gibt es selbstständige Männer. Man darf ja nicht glauben, daß die Gesellschaft Jesu, welche zu allen Zeiten ihre wärmsten Vertheidiger gefunden hat, etwa heute so vogelfrei dastehe. Selbst das protestantische Volk ist keineswegs so gegen sie eingenommen, wie die Rädelsführer des Unglaubens im Interesse ihrer Parteizwecke vorgeben; und von Seite der guten Katholiken schlagen die Herzen warm für diesen besonders in Deutschland um die Religion so hochverdienten Orden. Vorurtheile gibt es freilich überall, und auch unter der katholischen Geistlichkeit mag man hin und wieder Ausnahmen finden, welche die Gesellschaft Jesu mehr nach einzelnen zufälligen menschlichen Ereignissen, als nach ihrem Wesen und ihren Gesammtleistungen beurtheilen. Das thut nichts zur Sache, wenn Einer oder der Andere selbst zu ihren Gegnern gehören wollte.

7. Etwas Menschliches dieser Art ist dem Oratorianer Augustin Theiner begegnet, indem er das partielle Fortbestehen der Jesuiten in Schlesien und Weiß-Rußland nach 1773 als „Ungehorsam" und „Schisma" bezeichnen zu dürfen glaubt. Auch in Deutschland verweist man gern auf die „gänzliche" Aufhebung des Ordens und bemüht sich, sein rasches Wiederaufleben in ein gehässiges Licht zu stellen. Darum scheint es gerechtfertigt, wenn wir die Fortexistenz der Jesuiten auch nach dem Aufhebungsbreve des Papstes Clemens XIV. durch einige, einem italienischen Werke*) entnommene, Angaben zu beleuch-

*) Osservazioni sopra l'istoria del pontificato di Clemente XIV. scritta dal P. A. Theiner. 2da. ediz. 2. part. Monza, 1854.

ten suchen. Die Darstellung Riffel's S. 200—204
ist danach zu vervollständigen.

Vorerst können wir von der Lehre jener Cano=
nisten absehen, welche eine Bulle, oder ein päpstliches
Breve in Disciplinarsachen nicht für verbindlich hal=
ten, wenn es von denjenigen nicht empfangen wor=
den, die es nicht zu empfangen brauchen, und dies
in Kraft des königlichen „Placet" oder „Exequatur".
Wir vertheidigen selbst die entgegengesetzte Ansicht,
nach welcher jegliches Gesetz, das zu Rom vom Papste,
als dem Haupte der ganzen Kirche, nach den üblichen
Rechtsformen bekannt gemacht worden, in Rechtskraft
besteht und überall vollzogen werden muß.

Aber diese förmliche, allgemein verpflich=
tende Promulgation hat bei dem Aufhebungsbreve
der Gesellschaft Jesu gar nicht stattgefunden.

Theiner selbst sagt, daß das Breve nicht nach
den üblichen Formen veröffentlicht und „nicht von den
Amtsläufern an den gewöhnlichen Orten angeschlagen
wurde". Jedem einzelnen Jesuitenhause zu Rom
wurde es von besonders hiezu bestimmten Personen
angekündigt. Die Bekanntmachung war demnach
eine rein örtliche. Dasselbe war in allen Häusern
des Kirchenstaates der Fall, wo die Bischöfe, die es
betraf, das Breve von Hand zu Hand mittheilten.
In allen übrigen Ländern Europas ging es ebenso;
die hiemit beauftragte Congregation übersandte eine

Abschrift des Breve an die Ordinarien, welche aus=
drücklich als dessen Vollstrecker ernannt waren. Nebst
dem Aufhebungsbreve erließ dieselbe Congregation
an alle Ordinarien ein Circularschreiben, worin es
heißt, sie verordne hiemit im Auftrage Seiner Heilig=
keit dem Ordinarius, daß er in allen einzelnen Häu=
sern und Collegien und an jedem andern Orte, wo
sich einzelne Mitglieder der genannten aufgehobenen
Gesellschaft befinden mögen, diese versammele und
ihnen das gegenwärtige Breve förmlich vorlese (de=
nuncire) und bekannt mache (publicire) und zu wissen
thue (intimire) und sie zu dessen Ausführung be=
stimme und anhalte; im Namen des h. Stuhles
Besitz nehme von ihren Häusern und Collegien und
dergleichen Orten, sammt ihren Gütern, Rechten
und jeglichen Angehörigkeiten und sie behalte zu dem
Gebrauche, den Seine Heiligkeit bestimmen wird und
auch das Uebrige thue, was zu dessen Ausführung
in diesem Aufhebungsbreve festgesetzt ist."*)

Aus dem allen geht aufs klarste hervor

1) daß die beauftragte Congregation nicht alle
Jesuiten in Kraft der nur zu Rom stattgehabten Ver=
öffentlichung als aufgehoben betrachtete;

2) daß sie im Auftrage des Papstes alle Orts=
bischöfe ernannte und delegirte, welche die Veröffent=
lichung vorzunehmen sollten;

---

*) Text bei „Osservazioni" pt. 2. pag. 142.

3) daß diese Veröffentlichung, Anzeige und förmliche Intimation örtlich und persönlich stattfinden mußte in allen Häusern und Collegien und an jedem andern einzelnen Orte und nachdem zuvor alle einzelne Mitglieder hiezu versammelt waren.

4) Alles dieses geschah, um sie zur Ausführung des Breve zu bestimmen und anzuhalten.

Demnach, wo diese Bedingungen, welche die Congregation auf den ausdrücklichen Befehl Sr. Heiligkeit vorgeschrieben hatte, nicht erfüllt wurden, da konnte man das Breve weder als intimirt noch promulgirt betrachten; folglich konnten die Religiosen nicht von selbst sich auflösen und auseinander gehen, ohne der durch ihre Ordensgelübde eingegangenen Verpflichtung untreu zu werden.

Und in der That, als zwischen der Stadt Augsburg und dem Churfürsten von Baiern in Betreff der von der Gesellschaft Jesu im Churfürstenthume besessenen Güter ein Streit entstanden war, und die Stadt darauf bestand, das Aufhebungsbreve nicht eher veröffentlichen zu wollen, bis ihr der Churfürst jene Güter herausgäbe, mit welchen sie die aufgehobenen Jesuiten erhalten könne, wurden über diesen Gegenstand mehrere Briefe an den Nuncius und die erwähnte Congregation geschrieben. Drei ganze Jahre hindurch zog sich dieser Streit hin, und als am Ende Kaiser Joseph II. sich ins Mittel gelegt hatte, gab der Baier die eingezogenen Güter heraus; und dann erst, den 24. Mai 1776, wurde das Breve in Augsburg veröffentlicht.

Für diesen ganzen Hergang fehlte es keineswegs an Präcedenzfällen. Wir wollen hier, um die Principienfrage zu beleuchten, einen etwas genauer anführen.

Der Orden der Regular=Cleriker der „frommen Schulen", gewöhnlich Piaristen genannt, war durch ein Decret des Papstes Innocenz X., 1646, als solcher aufgehoben und zu einer einfachen Congregation herabgesetzt worden. In allen den Orten, wo man das genannte Breve promulgirt hatte, kam es vollständig zur Ausführung; an den andern, wo es nicht promulgirt war, fuhren die Religiosen fort, nach ihrer ursprünglichen Ordensregel und häuslichen Disciplin zu leben. Noch lebte ihr heiliger Stifter Joseph von Calasanz, ein Mann, durch die Verdienste seiner Tugenden und seiner heroischen Heiligkeit ausgezeichnet. Dieser nun schrieb an den P. Minister der frommen Schulen zu Aquila, unterm 31. März 1646, wie folgt: „Euer Hochwürden haben, glaube ich, schon gehört, was unserm Orden widerfahren ist; herabgesetzt zu einer Congregation steht er unter dem Ordinarius des Ortes, wie ich Ihnen mit der letzten Post geschrieben habe; Jedermann wird also wissen, daß der Orden ein Ende genommen hat. Gott, dem es

13

so gefallen hat, sei für immer gepriesen. Indeß darf man in Ihrem Hause nicht erschrecken oder im geringsten von unserm Institute ablassen, bevor den Mitgliedern solches vom Ordinarius angezeigt worden; und dann werden sie sich nach den Constitutionen richten, die im Auftrage des Papstes von einigen Prälaten ausgearbeitet werden."*)

Unter demselben Datum schrieb der Heilige an den P. Paul unserer l. Frau von den Engeln zu Genua: „Ich kenne aus Erfahrung, was Euer Hochwürden mir schreiben; ich bin von Ihrer Anhänglichkeit an unsern Orden, sowie von Ihrem Schmerze über dessen Prüfungen überzeugt; indessen müssen wir uns in den göttlichen Willen fügen und von unserer Seite das Möglichste thun, um das Institut aufrecht zu erhalten; bei Ihnen braucht man sich nicht aus der Ordnung bringen zu lassen, bevor Ihnen das Breve mitgetheilt worden; dann aber richte man sich nach den Constitutionen, die neu ausgearbeitet werden sollen."**)

In einem andern Briefe vom 18. April heißt es: „Ich habe das Schreiben von Euer Hochwürden erhalten und antworte: es ist wahr, S. Heiligkeit

*) Summarium novum et responsivum in causa beatificat. V. S. D. etc. — pag. 33. §. 9.

**) l. c. §. 8.

hat wirklich ein Breve erlaſſen, das unſere Aufhebung
enthält, indem ein Haus vom andern getrennt und
dem Ortsordinarius unterworfen wird; zugleich wird
die Erlaubniß ertheilt, zu einem andern „auch weniger ſtrengen" Orden überzugehen, und verboten,
Novizen einzukleiden und Profeß ablegen zu laſſen,
nebſt anderm mehr, was Sie aus dem Breve, welches
der Hochwürdigſte Herr Biſchof Ihnen mittheilen
wird, erſehen können . . . . Indeß ſollen Sie alle, in
Liebe vereinigt, **von der pünktlichen Befolgung
unſeres Inſtituts nicht ablaſſen.**"*)

Alſo der Orden der frommen Schulen war aufgehoben; das vom Papſte Innocenz erlaſſene Aufhebungsbreve war in Rom und an andern Orten
bereits mitgetheilt und in Ausführung gebracht.
Ferner war ein Haus ſchon getrennt von den übrigen, die Religioſen unter die Ordinarien geſtellt, mit
dem Verbote, Novizen einzukleiden und zur feierlichen
Gelübdeablegung zuzulaſſen; endlich wurden im Auftrage des Papſtes von zwei Prälaten neue Conſti-
tutionen ausgearbeitet. Deſſenungeachtet ſchreibt der
der h. Stifter an die Obern von Aquila und Genua
und andere, ſie ſollten „in keinem Punkte vom Inſtitute ablaſſen, bevor ihnen ſolches vom Ordinarius
angezeigt würde"; ſie ſollten „ſich an nichts kehren,

---

*) l. c. pag. 35. §. 18.

bis ihnen das Breve mitgetheilt" würde; endlich, alle sollten „in der pünktlichen Befolgung des Instituts fortfahren." Diese Briefe des h. Joseph von Calasanza werden in den Acten der Seligsprechung als ein Beweis der heroischen Geduld und Ergebung des Dieners Gottes angeführt, und der damalige promotor fidei Prosper Lambertini, der nachmalige Papst Benedikt XIV., der in solchen Sachen etwas verstand, hat nicht gewagt, über diese Entscheidungen auch nur den geringsten Tadel auszusprechen.

Noch mehr. Der h. Ordensstifter, mit dieser den Seinigen ertheilten Weisung nicht zufrieden, schickte auch nach dem Norden den ehrwürdigen P. Onufrius vom allerheiligsten Sakramente, daß er bei den dortigen Fürsten es dahin bringe, daß dem Breve des Papstes Innocenz nicht freier Lauf gelassen und dasselbe nicht veröffentlicht würde. Solches wurde in der That erlangt, namentlich in Polen.

Endlich erzählen fast alle Lebensbeschreiber des h. Joseph, daß bei dessen Lebzeiten angesehene und gelehrte Männer verschiedene Apologien des aufgehobenen Ordens durch den Druck veröffentlichten, indem sie durch viele Gründe nachzuweisen suchten, daß das päpstliche Breve ungültig und erschlichen sei. Sie führen namentlich an die Schriften des Peter Pifferi, eines berühmten Rechtsgelehrten, des Hochwürdigsten Herrn Maranta, und des P. Valerian de Magni, eines Kapuziners. Niemand aber hat gewagt, ihr Unterfangen als ein widerspänstiges gegen die kirchliche Autorität zu tadeln. Dies einzige Beispiel zeigt uns, was in einem analogen Falle geschehen darf; und wir können das Beispiel der Diener Mariä unter Innocenz V. — der „guten Brüder" unter Clemens VIII. füglich übergehen.

Wir haben Princip und Praxis gesehen; vernehmen wir nun, was die Jesuiten in ihrer Angelegenheit gethan haben.

In Rom war das Aufhebungsbreve den 14. August 1773, wie gesagt, localiter et personaliter, den Jesuiten bekannt gemacht und zur Ausführung gebracht worden. Als König Friedrich II. v. Preußen dies vernommen hatte, erließ er den 14. September desselben Jahres an alle katholische Bischöfe Schlesiens ein Rundschreiben, worin er ihnen die Bekanntmachung des Breve untersagte.*) Der Befehl wurde vollzogen, das Breve nicht veröffentlicht.

Die Jesuiten aber beruhigten sich hiebei nicht; sie baten den König, er möchte ihnen von Rom die stillschweigende oder ausdrückliche Erlaubniß erwirken, in ihrem unveränderten Bestande (in statu quo) zu verbleiben.

Der König unterhandelte wirklich mit Rom;

---

*) Pernecessarium duximus .... (B. p. 126.)

anfangs umsonst, weil der h. Stuhl die Feindselig-
keiten der Minister an den bourbonischen Höfen fürchtete; dann erneuerte er sein dringendes Begehren
und ließ dem h. Vater durch seinen Agenten in
Rom, den Abbé Colombini, ein Memoire überreichen, mit der Bitte, die Jesuiten in seinen Staaten
ungestört zu lassen. Sie sollen, sagt er, die Jugend
in Frömmigkeit und Wissenschaft unterrichten und das
Studium der katholischen Theologie aufrecht erhalten; sie verstehen es am besten, Erzieher heran zu
bilden, und kosten nicht halb so viel als weltliche Lehrer. Kurz, sie können durch nichts ersetzt werden.
Dieses Memoire schließt dann mit den Worten:
„Wenn die Umstände Seiner Heiligkeit nicht gestatten, diesen übrigens gerechten Wünschen in gegenwärtigen Zeiten frei entgegenzukommen, so ist S. Majestät zufrieden, daß wenigstens für jetzt die Bischöfe
der preußischen Herrschaft einen stillschweigen-
den Wink erhalten, die Jesuiten in ihren Funktionen nicht zu stören."

Wie diese Zuschrift in Rom aufgenommen wurde,
weiß man nicht. Immerhin aber ließ Friedrich sich
von seinem Entschlusse nicht abbringen, nicht beirrt
von den bittern Spottreden der Freunde d'Alembert
und Voltaire. Durch seinen Vertreter Colombini setzte
er die Unterhandlungen mit Rom fort,*) und als

*) In Bezug auf deren Erfolg wollen wir nur auf einen

Clemens XIV. geſtorben war, knüpfte er neue an mit
Pius VI. Daß er jetzt vom h. Stuhl wenigſtens eine
ſtillſchweigende Zuſtimmung erhalten hat, möchte man
in der That ſchließen aus folgenden zwei Briefen. Der
erſte iſt aus Potsdam vom 27. Sept. 1775 an den
Generalvikar von Breslau und lautet:

„Ich habe zur Erhaltung Ihres Inſtituts in
meinen Staaten Alles aufgeboten, und der Papſt
ſelbſt konnte nicht umhin, die Motive, weshalb ich
ein ſolches Inſtitut begünſtige, gutzuheißen. S. Heiligkeit hat ihm ſelbſt ſeinen Beifall bezeigt und mich
wiſſen laſſen, daß er in Betreff jener Patres in meinen Staaten ſich jeder Erklärung einer Irregularität
enthalten werde. Ich aber werde nichts unverſucht

Brief des P. Joſeph Schorn, Rector des Collegium in Braunsberg, vom 25. Juli 1774, aufmerkſam machen. Darin heißt es:
„Der Obere des biſchöflichen Seminars in Braunsberg, Peter Laſchki,
befand ſich in Heilsberg anweſend, als ein Schreiben des apoſtoliſchen Nuncius an den Fürſtbiſchof von Warſchau anlangte. In
dieſem Schreiben bemerkt der Nuncius, er habe von Rom ſehr
günſtige Antwort erhalten, in Betreff der Jeſuiten, welche ſich in
den Ländern des Königs von Preußen befänden; deshalb ſollen
ſie das Ordenskleid der Geſellſchaft Jeſu, ſowie alle Vollmachten für ihre Amtsverrichtun-
gen in Kirche und Schule bis auf weitere Verfügung beibehalten. Demnach trug der Hochw. Biſchof dem erwähnten Obern auf, er ſolle auch die übrigen Patres von Erme-
land hievon in Kenntniß ſetzen, damit ſie für das kommende Jahr
alle Aemter mit geeigneten Perſonen beſetzen könnten.“ (Mitgetheilt in den „Osservazioni“ part. 2. pag. 248.)

laſſen, um einen Zweck, den auch der h. Vater als
gerecht und löblich anerkannte, vollſtändig zu erreichen. In Folge dieſer päpſtlichen Erklärung ertheile
ich Ihnen alſo den Befehl, weder an dem geiſtlichen,
noch zeitlichen Stande jener Patres etwas zu ändern, ſondern Alles in statu quo zu laſſen,
ihnen weder die frühern Facultäten, noch die h. Weihen ſowie die übrigen, ihrem Inſtitute verliehenen
Freiheiten zu verweigern."

Der zweite Brief iſt unter demſelben Datum
an den P. Reinoch, Oberer der Jeſuiten in Schleſien,
gerichtet. „Nachdem der Papſt nunmehr erklärt hat,
daß er mir Mittel und Weg überlaſſe, Ihre Geſellſchaft in meinen Staaten zu erhalten, und da er
nicht will, daß ſie in ihrem Wirken durch irgend einen Vorwurf von Irregularität gehindert werde, ſo
habe ich unter heutigem Datum allen meinen Bi-
ſchöfen befohlen, Ihren Orden in statu quo zu laſſen. Die Mitglieder deſſelben ſeien in den Uebungen ihres religiöſen Berufes und der ihnen anvertrauten Aemter im Geringſten nicht behelligt. Wollen Sie deshalb ſich darnach richten und Ihre Mitbrüder hievon in Kenntniß ſetzen. — Ich bin

Ihr wohlwollender
König Friedrich.

Was ſollten die Jeſuiten in Preußen thun? —
Wohl hat die mehr erwähnte Congregation unter

der Hand Instruktionen an die Nuncien geschickt,
sie sollten mit den Bischöfen Preußens dahin arbeiten, daß daselbst das Aufhebungsbreve den Jesuiten
mitgetheilt würde. Keiner jedoch ließ sich dazu bewegen und zur eigenen Rechtfertigung wie zu der
der Jesuiten wurden die beiden Briefe Friedrichs
veröffentlicht. Die Minister der Höfe wurden wü-
thend; besonders der spanische erhob große Klagen
beim Papste, und dieser, den die Veröffentlichung
jener Briefe in einige Verlegenheit setzte, schrieb deshalb an den König von Preußen. Friedrich wollte
den Lärm beschwichtigen; er willigte ein, daß die
Jesuiten ihr Kleid ablegten, betheuerte jedoch, es sei
sein fester Wille, sie in ihrer Integrität zu erhalten.
So blieben jene Jesuiten im weltpriesterlichen Kleide
in Genossenschaften vereinigt bis zu Friedrichs Tode;
dann aber entzog ihnen dessen Nachfolger die Ein-
künfte ihrer Häuser und Collegien, und so waren
sie genöthigt, sich aufzulösen.

War es gegen die Wahrheit, wenn Friedrich
in zwei Briefen so offen erklärte, der römische Hof
habe in seine Bitten eingewilligt? — Auch in diesem Falle kann doch die Jesuiten in Preußen kein
Vorwurf des Ungehorsams und des Schisma treffen;
höchstens waren sie getäuscht, und zwar auf eine
feierliche und öffentliche Weise vom Könige und von
den katholischen Bischöfen.

Sehen wir jetzt, mit welchem Rechte die Jesuiten in Rußland fortbestanden.

Bei der ersten Theilung Polens, 1772, kam das jetzige Weiß = Rußland an das moskowitische Reich; und Katharina II. gab damals das eidliche Versprechen, die Katholiken in ihren bisherigen Rechten zu erhalten. Die Jesuiten hatten in jener Provinz vier Collegien, zwei Residenzen und einige Missionshäuser. Bevor noch die russische Armee von dem Lande Besitz nahm, berief die Kaiserin zu Petersburg ihre Räthe zu einer außerordentlichen Sitzung, und einer der zur Discussion vorgelegten Gegenstände war die Frage, ob man die Jesuiten behalten solle. Einige Räthe verneinten das sofort und beriefen sich auf das Beispiel der katholischen Fürsten, die erst vor kurzem die Jesuiten aus ihren Staaten vertrieben hatten, sowie auf das Gesetz Peter des Großen, welches den Jesuiten den Eintritt in Rußland untersagte. Allein die Kaiserin schlug beide Argumente nieder mit der Entgegnung, sie wolle die Handlungsweise der übrigen Fürsten nicht als maßgebend für ihre eigenen Rathschlüsse betrachtet wissen; wenn nun jene gute Gründe zur Vertreibung der Jesuiten gehabt hätten, so habe sie dagegen derselben viele, um die nämlichen Jesuiten in Rußland beizubehalten. In Bezug auf das Gesetz Peter des Großen bemerkte sie: wie Jener die Vollmacht hatte,

dasselbe zu erlassen, so werde ihr Niemand die Voll=
macht absprechen, es aufzuheben. Die Minister wag=
ten nicht, hierauf etwas zu erwiedern, und so galt
die Erhaltung der Jesuiten in Rußland als zum
Beschluß erhoben.

Den 15. October desselben Jahres begannen
die kaiserlichen Commissäre den Eid der Treue ent=
gegenzunehmen. Ueberall wurden die Jesuiten zu=
erst dazu aufgefordert, und sie leisteten ihn ohne Be=
denken, um so mehr, als dasselbe Decret, welches den
Eid verlangte, zugleich die freie Ausübung der katho=
lischen Religion und aller geistlichen Funktionen ga=
rantirte.

Im September des folgenden Jahres 1773 er=
hielt man plötzlich Kunde von der Aufhebung der
Gesellschaft, welche zu Rom und anderswo bereits
vollzogen sei. Die Patres in Rußland erwarteten
nun Tag für Tag die Mittheilung des Breve. Da
erging mit Anfang Oktobers vom Petersburger Hofe
die Ordre an die Behörden von Mscislaw und Po=
lozk und an den General-Gouverneur von Mo=
hilev, sie sollten die Annahme und die Veröffent=
lichung des Breve von Clemens XIV. unter strengster
Strafe verbieten, sowie den Patres, das Geringste
zu dessen Ausführung zu thun. In Folge dessen
erhielten die Jesuiten vom Hochwürdigsten Bischofe
von Vilna, Ignaz Massalski, welcher die Jurisdiktion

über Lithauen und Weiß-Rußland besaß, ein Circularschreiben unterm Datum v. 19. September, in welchem verordnet wurde, daß keiner der Jesuiten aus
ihren Häusern und Collegien sich entferne, noch auch
irgend eine Funktion, sei es im Lehramte oder in
der Seelsorge, unterlasse, bis ihnen von der höchsten
kirchlichen und weltlichen Gewalt das Aufhebungsbreve förmlich mitgetheilt worden sei. Das Schreiben war an die Obern gerichtet und enthielt für
diese selbst am Schlusse folgende Verordnung:

„Denselben Obern ertheilen wir hiemit unsere
Vollmacht über die unter ihrer Leitung und ihrem
Dache befindlichen Personen, damit sie Kraft dieser
Vollmacht ihre Untergebenen in der gebührenden
Zucht erhalten, widrigenfalls sie seiner Zeit über
Alles Rechenschaft und Antwort abzulegen haben.
Hiezu verpflichtet uns in gegenwärtiger Angelegenheit
unser oberhirtliches Amt und unser Gewissen. End-
lich wollen wir, daß diese unsere Verordnung, in
Kraft des schuldigen Gehorsams, an alle ihre in un-
serer Diöcese liegenden Häuser so schnell als möglich
zur genauen Vollstreckung abgesendet und beobachtet
werde.“

Dieser Erlaß versetzte die Jesuiten wohl einen
Monat lang in große Zweifel und in Unsicherheit
über ihr Schicksal. Nach Petersburg aber kam eine
Fluth von Memoires aus Italien, Frankreich und

Spanien, von allerlei Autoritäten unterzeichnet, um die Kaiserin mit Sturm dahin zu treiben, daß sie die letzte Wurzel des verhaßten Jesuitenordens ausrotte, zu dessen Vernichtung man so viel gearbeitet, so viele Zeit, so viel Geld und noch mehr Gewissen bereits geopfert hatte. Aber Katharina ließ sich weder durch Schmeicheleien fangen, noch durch Drohungen in Furcht setzen. Sie blieb standhaft bei jedem Sturme und versicherte, nachdem sie die Gesellschaft einmal in ihren Schutz genommen hätte, werde sie dieselbe bis aufs äußerste zu vertheidigen wissen.

Was thaten inzwischen die Jesuiten? Als nach einigen Verzögerungen das Breve in Polen angenommen und in Vollzug gebracht worden war, erwarteten sie auch in Rußland jeden Augenblick, daß ihnen gleichfalls der Bischof von Vilna dasselbe mittheilen werde. Da erhielt den 25. Oktober der P. Stanislaus Czerniewicz, Rector des Collegium von Polozk, vom Vice-Gouverneur jener Stadt den gemessenen Befehl, unverzüglich nach Petersburg abzureisen, wohin der Hof ihn rufe. Mit zwei Gefährten trat er die Reise an. In Riga angekommen, schrieb er an S. Excellenz Joseph Garampi, apostolischen Nuncius in Warschau, theilte ihm seine Abberufung an den Hof mit, und bat ihn um seine Weisung für den Fall, daß man zu Petersburg über die Annahme des Aufhebungsbreve verhandeln wollte und fügte bei, sowohl er als die Seinigen seien Willens, keinen Finger breit von den Vorschriften des h. Stuhles abzuweichen. Der Nuncius erhielt allerdings diesen Brief, antwortete aber keine Sylbe darauf.

Gegen Ende Novembers kamen die Jesuiten in Petersburg an und stellten sich dem Grafen Czerniszew vor, der sie liebevoll aufnahm, dann sein Mitleid über ihre Aufhebung bezeigte und fragte, was er für sie in Weiß-Rußland thun könnte. P. Czerniewicz antwortete gleich mit jener freimüthigen Offenheit, die ihm natürlich war, sie verlangten nur eine Gnade, nämlich, daß man das päpstliche Breve zu ungehinderter Vollziehung kommen lasse. S. Heiligkeit habe aus eigenen Gründen die Gesellschaft aufgehoben, und ihnen bleibe nichts anders übrig, als sich den Bestimmungen Roms zu unterwerfen. Bei dieser unerwarteten Antwort zeigte sich der Graf erstaunt, und als er sah, daß seine Gründe den Pater von dem gefaßten Entschlusse nicht abbringen konnten, entließ er ihn mit der Bemerkung, sie möchten sich miteinander darüber berathen und ihre Meinung in einer Bittschrift auseinandersetzen; er werde dann dieselbe der Kaiserin überreichen.

Die Berathung dauerte nicht lange. Um den Vorwurf des Ungehorsams und des Schisma, womit man zu Rom und anderswo ihren Ruf zu be-

flecken suchte, von sich abzuwenden, kamen sie überein,
die Kaiserin zu bitten, sie möchte gnädigst das Breve
ihnen mittheilen lassen. Damals befand sich in Pe=
tersburg Stanislaus Siestrzencewicz, ernannter Bi=
schof von Mallo in partibus und apostolischer Dele=
gat für alle Katholiken des lateinischen Ritus. Er
liebte die Jesuiten gewiß nicht, und hatte auch nicht
die Absicht, sie in Schutz zu nehmen. Ueberdies hatte
er vom Nuncius Garampi in Warschau den Auftrag
erhalten, Alles aufzubieten, um die Kaiserin zur
Ausführung des Breve zu vermögen. Allein, ob
Katharina das wußte oder muthmaßte, Thatsache ist,
daß gleich nach der Ankunft des Bischofs von Mallo
in Petersburg diesem zum Unterzeichnen eine Schrift
vorgelegt wurde, welche das Versprechen enthielt,
nichts gegen die Jesuiten zu versuchen; und er, dem,
wie aus mehreren Thatsachen erhellt, es um die
Gunst der Herrscherin ein wenig zu thun war, unter=
zeichnete ohne Weigerung. Die Jesuiten wußten
natürlich weder etwas von dem Drängen des Nun=
cius in Warschau, noch von dem gegebenen Ver=
sprechen zu Petersburg; als sie demnach ihre Bitt=
schrift entworfen hatten, erschienen sie vor dem päpst=
lichen Delegaten, um seinen Rath einzuholen und
nichts ohne dessen Gutheißen zu unternehmen. Dieser
sah, wie sich von selbst eine gute Gelegenheit darbot,
sich in der Gunst des Nuncius zu erhalten und zu=

gleich die des Hofes nicht zu verlieren. Er las die Bittschrift, ertheilte den Patres die größten Lobsprüche und ermahnte sie, hiemit einen schönen Beweis ihrer Unterwürfigkeit abzulegen.

Jegliches Bedenken war nunmehr beseitigt. Der P. Czerniewicz überbrachte dem Grafen seine Zuschrift, deren Inhalt nach der „Zeitung von Warschau" in Kürze also lautet:

„Ew. Majestät haben wir es zu danken, daß wir in Ihren ruhmreichen Staaten öffentlich die römisch-katholische Religion bekennen, und in geistlichen Dingen von dem sichtbaren kirchlichen Oberhaupte, dem Papste, in der schuldigen Abhängigkeit verbleiben können. Wir also, Jesuiten vom römischen Ritus und getreue Unterthanen Ew. Majestät, werfen uns vor Ihrem erhabenen kaiserlichen Throne nieder, und bei Allem, was heilig ist, bitten wir Ew. Majestät, also verfügen zu wollen, daß wir dem Papste zu Rom, welcher über uns die geistliche Jurisdiktion hat, bereitwilligen und öffentlichen Gehorsam erzeigen und jene Verordnungen ausführen können, die er zur Aufhebung unserer Gesellschaft erlassen hat. Wenn Ew. Majestät gestatten, daß uns das Aufhebungsbreve mitgetheilt werde, so üben Sie einen Act Ihrer souveränen Autorität, und wir, indem wir gehorsamen, erweisen uns als getreue Unterthanen ebenso sehr gegen Ew. Majestät, Die dessen Ausführung

gestatten, wie gegen den römischen Papst, der sie vor=
schreibt."*)

Was konnte man von den Jesuiten mehr ver=
langen, als dieses Beispiel des Gehorsams und der
Ergebenheit gegen den römischen Stuhl? — Die
Handlungsweise des P. Czerniewicz wurde sehr ver=
schieden und mannichfach ·sehr ungünstig beurtheilt.
Zu deren Würdigung mag ein Brief dienen, welchen
dieser Obere an einen Pater in Italien schrieb.

„Euer Hochwürden werden verzeihen, wenn ich
auf Ihren Brief vom 4. September so spät antworte.
Es konnte nicht früher geschehen: ich hatte in den
Häusern dieser Viceprovinz die Visite zu halten und
war deshalb lange Zeit auf der Reise; kaum war
ich endlich zurückgekehrt, so lag ich einen Monat
lang an einer schweren Krankheit danieder. Jetzt will
ich dem Verlangen Euer Hochwürden entsprechen und
deshalb kurz auseinandersetzen, wie es gekommen ist, daß
wir Jesuiten hier im frühern Zustande verblieben sind.
Euer Hochwürden müssen wissen, daß wir bei der
Nachricht von dem Breve Clemens XIV. von unserm
Hochwürdigsten Diöcesanbischof ein Schreiben erhiel=
ten, worin er befahl, uns ruhig zu verhalten und
in nichts eine Veränderung eintreten zu lassen bis

---

*) Apologiae pro Jesu societate in alba Russia inco-
lumi lib. IV. auctore Jgnatio Philacreto ad Marcum Bola-
num. Amstelodami. 1793.

14

von ihm anders verfügt und die Ausführung jenes Breve verordnet würde. Was sollten wir thun? Wir hielten uns zum Gehorsame gegen den Bischof verpflichtet und fuhren deshalb in unsern Verrichtungen und in der Befolgung unseres Institutes fort. Bald darauf rief mich ein Befehl der Kaiserin nach Petersburg, und ich ging, ohne von der Ursache dieser Berufung im geringsten etwas zu wissen. Wie ich dort angekommen war, wurde mir aufgetragen, in einer Denkschrift an die Kaiserin darzulegen, welche Schritte ich unter gegenwärtigen Umständen zu Gunsten der Gesellschaft gethan wünschte. Ich verlangte nun nichts Anderes, als es möchte uns durch das Wohlwollen der Kaiserin gestattet sein, das Aufhebungsbreve zu vollziehen."*)

Es war gegen Ende Decembers 1773, als der Graf Czerniszew die drei Jesuiten, welche in Petersburg die Antwort auf ihre Zuschrift abwarteten, zu sich beschied. Seine Erklärung, wie die Gegner selbst berichten, war folgende: „Meine Herrscherin wollte bei der Besitznahme von Weiß=Rußland einen jeden der neuen Unterthanen in dem bisherigen Zustande und bei seinen Rechten belassen. Ein solches Versprechen will sie auch gegen die Jesuiten erfüllen. Wohl weiß sie, welche Unterwürfigkeit die Katholiken

---

*) Osservazioni, l. c. p. 150.

den römischen Päpsten schulden in Gegenständen des Glaubens und der Sitten, und es ist auch ihr Wille, daß man in diesen Stücken nach den Gesetzen der katholischen Kirche verfahre; im Uebrigen aber will sie weder katholischer sein, als der „katholische" König, noch als der „allerchristlichste" König, welche die Veröffentlichung eines Breve in ihren Staaten nicht immer erlauben. Ihr werdet Euch deshalb dem Aufhebungsbreve unterwerfen, wenn es Euch mitgetheilt ist, indem Ihre Majestät in diesem Punkte sich das Recht vorbehalten, alle die Verfügungen zu treffen, welche sie hierin für zweckmäßig erachten. Um Euch indeß dem römischen Papste gegenüber jedes Bedenken zu heben, so nehmen es J. Majestät auf sich, alle nöthigen Schritte deshalb in Rom zu thun." — So lautete die Antwort; und nicht lange darauf, nämlich um den Anfang des Januar 1774, wurde überall ein kaiserliches Edict veröffentlicht, daß die Jesuiten in ihrem frühern Zustande zu verbleiben und die Erziehung der katholischen Jugend zu besorgen hätten; indem nicht blos die Mittheilung des päpstlichen Breve, sondern selbst dessen Zulassung in das Reich bei den strengsten Strafen untersagt war. Vor seiner Abreise von Petersburg schrieb der Viceprovinzial P. Czerniewicz einen zweiten Brief an S. Excellenz den Nuncius Garampi. Er übersandte ihm eine Copie der von ihm der Kaiserin eingereich=

14*

ten Bittschrift, sowie der Antwort, welche ihm durch den Minister ertheilt worden war; er berichtete den ganzen Hergang und bat ihn dann aufs neue, er möchte ihm seine Absichten mittheilen und wie sich in gegenwärtigen Umständen die Jesuiten zu verhalten hätten. Feierlich versicherte er, was immer der Wille Sr. Heiligkeit wäre, sie würden ihn, sobald derselbe ihnen eröffnet worden, erfüllen, koste es, was es wolle. So schrieb dieser Jesuit; aber der Nuncius ertheilte, wie schon auf den ersten Brief, so auch auf diesen zweiten, keine Antwort. Was hätten die Jesuiten nun noch weiter thun sollen, um ihre Unterwürfig= keit darzuthun?

Katharina II. hatte den Jesuiten versprochen, mit dem Papste in Betreff ihrer Fortexistenz in Weiß= Rußland zu unterhandeln. That sie dies? und mit welchem Erfolge? — Um den Leser selber urtheilen zu lassen, stellen wir die Thatsachen, welche hierüber Licht verbreiten, in Kürze zusammen.

1. Unter dem Pontificate Pius VI. drang der spanische Minister mit bitteren Beschwerden und Drohungen in den Papst, daß er den Fortschritten der Gesellschaft in Rußland schleunigst einen Damm entgegensetze. Das hatte Katharina II. erfahren und unverzüglich schrieb sie an den König von Spanien folgenden Brief:

„Ich bringe hiemit Ew. Majestät zur Kennt=

niß, daß ich den Entschluß gefaßt habe, das Institut der Jesuiten in meinen Staaten aufrecht zu erhalten; die Gründe dieser Entschließung sind mir bekannt. Wie ich nun Ew. Majestät nicht gehindert habe, in spanischer Monarchie gegen die nämlichen Religiosen feindlich zu verfahren, so hoffe ich, Ew. Majestät werden dem, was ich zu deren Gunsten in meinem Reiche thue, kein Hinderniß setzen wollen. Ich bringe Ew. Majestät gleichfalls zur Kenntniß, daß ich in dem allen von dem regierenden Papste nichts verlangt und nichts erhalten habe. Nur jener Fakultäten habe ich mich bedient, welche der verstorbene Papst Ganganelli mir zugestanden hat. Deshalb ersuche ich Ew. Majestät, bei Sr. Heiligkeit über diesen Gegenstand nicht die geringste Beschwerde zu erheben und ihn auf keine Weise zu beunruhigen; ich müßte dies Letztere als mir selbst angethan betrachten, und ich würde mich verpflichtet halten, ihn zu vertheidigen und müßte ich auch meine Krone dabei verlieren."*)

2. Ein anderes Zeugniß hierüber haben wir in dem Hirtenbriefe, worin Bischof von Mallo den Jesuiten erlaubte, ein Noviziat zu eröffnen. Er fängt also an: „Da Papst Clemens XIV. rühmlichen Andenkens so sehr beflissen war, der erhabenen Kaiserin

*) „Osservazioni" part. 2. pag. 154.

von Rußland seine Huld zu erweisen, daß er um Ihrer Majestät willen die Bulle*) „Dominus ac Redemptor" in Ihren Staaten ausführen zu lassen unterließ u. s. w." Da dieser Hirtenbrief in Mohilev gedruckt und in Rußland nach allen Seiten verbreitet worden, ist es annehmbar, daß Bischof von Mallo so öffentlich die Unwahrheit gesagt — und dies Angesichts der Kaiserin selbst, mit solcher Bestimmtheit versichernd, Clemens XIV. habe Katharina der II. die Nicht-Veröffentlichung des Breve zugestanden? — Hiezu kommt noch, daß derselbe Bischof um das Jahr 1797 dem Jesuitenpater Lustyg bezeugte, er habe, noch bei Lebzeiten Clemens XIV., ein päpstliches Rescript in den Händen gehabt, in welchem für die Existenz der Jesuiten in Rußland die Bewilligung ausgesprochen war.

3. Noch wichtiger ist ein Originalschreiben des Marchese Ordogno de Rosales aus Mailand, in welchem bezeugt wird, Joseph II. habe mit eigenen Augen den Brief gesehen, den Clemens XIV. an Katharina II. geschrieben hat. „Hochwürdiger P. Panizzoni!" — so lautet jenes Schreiben wörtlich**) — „Da Ew. Hochwürden den Wunsch ausgedrückt haben, ich möchte Ihnen mittheilen, was man in Betreff der bis zur Stunde

---

*) War bekanntlich nur ein Breve.

**) Das Original ist in den Händen des P. Boëro, Verfassers der „Osservazioni".

noch in Rußland existirenden Gesellschaft Jesu gesprochen habe, als Kaiser Joseph II. glorreichen Andenkens diese Stadt besuchte, so rechne ich es mir
zur Pflicht, Ihnen die genaueste Information zu verschaffen, und es gereicht mir zur Freude, Ihren Auftrag mit um so größerer Befriedigung auszuführen,
da Alles, was ein so großer Monarch geäußert hat,
die Ueberzeugung immer mehr begründet, daß eine so
achtungswerthe religiöse Corporation rechtmäßig
und mit den nöthigen Approbationen zum
Vortheile eines wenn auch noch so kleinen Theiles
der katholischen Welt erhalten wird. Ich muß vor-
ausschicken, daß an dem Hofe Sr. königlichen Hoheit
des Erzherzogs Ferdinand, früher Gouverneur der
österreichischen Lombardei, wo ich häufig die Ehre
hatte, mich einzufinden, mehrere Mal die Frage erhoben wurde, mit welcher Legalität und Berechtigung jene Jesuiten fortexistirten, die ungeachtet der
vom h. Stuhle verfügten Aufhebung bis zur Stunde
in einem entfernten Winkel Rußlands zusammen leb-
ten. Was mich betrifft, so war ich stets der unwandelbaren Meinung, daß deren Existenz wegen mehrerer
Rechtstitel, die ich hier nicht zu erwähnen brauche,
über jedes Bedenken hinausliege, und ich stand deshalb gegen die entgegengesetzte fast allgemeine Ansicht auf ihrer Seite.

Seit langer Zeit war hiervon keine Rede mehr

gewesen, als Joseph II. kam. Der Erzherzog, welcher sich jener Controverse wieder erinnerte und sie wohl gerne aufgeklärt haben mochte, legte sie nun dem Monarchen vor, der allein, wofern er das wollte, über den wahren Sachverhalt Licht geben konnte. Kaum hatte er die Frage eben gehört, so erwiederte er: der Marchese de Rosales habe Recht. Er setzte überdies auseinander, daß die Jesuiten in Rußland als eine rechtmäßige geistliche Körperschaft fortbe= stehen könnten, nicht allein deshalb, weil dort das päpstliche Aufhebungs=Breve nicht, wie anderswo, pro= mulgirt worden sei, sondern noch weit mehr, weil derselbe Papst in einem an die Kaiserin ge= richteten Briefe, den er gesehen habe, ihr die Erlaubniß ertheilte, die Gesellschaft Jesu in den ihrer Herrschaft unterworfenen Län= dern beizubehalten.

Der Erzherzog Ferdinand hatte nachher nicht blos die Gefälligkeit, mir die allerhöchste Entscheidung, welche mit meiner Ansicht übereinstimmte, mitzuthei= len, sondern er gestand mir auch, daß er selbst sich verpflichtet sehe, seine Meinung zu ändern, und daß er in Betracht der von Joseph II. angegebenen Um= stände nur mit mir übereinstimmen könne.

Das ist es, was ich Euer Hochwürden mit aller Aufrichtigkeit zur Kenntniß bringe, u. s. w. Parma, den 13. April 1799. Matteo Ordogno de Rosales."

4. Dies nämliche Rescript Clemens XIV. wird uns aber auch durch den damaligen Nuncius in Warschau, Monsignor Garampi selbst bestätigt. — Man hat das Manuscript einer Geschichte über die damalige Existenz der Jesuiten in Rußland, die der Erzpriester Ferrari von Mantua, ein höchst glaubwür= diger Mann und Verfasser mehrerer gelehrter Werke, geschrieben hat.*) In der Vorrede nun sagt er: „Da ich gewissenhafte Treue in meiner Erzählung versprochen habe, so darf man wohl wissen, und ich sage es ausdrücklich, daß ich, wo und von wem ich nur immer konnte, mir sichere Angaben verschafft habe. Ich habe geschrieben und ließ schreiben bis nach Petersburg, wobei eine höchst edle Persönlichkeit mich mit aller Wärme ihres Eifers und mit allem Gewichte ihres Einflusses zu unterstützen die Gnade hatte. Durch eine solche Vermittelung habe ich da= selbst Nachforschungen angestellt; daselbst habe ich Aufschlüsse zu erhalten gesucht und von dort sind mir Berichte (unveröffentlichte Papiere) zugekommen, wenige freilich, aber sichere, die zu dem mir vor= gesteckten Ziele auch hinreichen.“

Nun hören wir, was er S. 61 erzählt: „Der P. Czerniewicz theilte sowohl die Bittschrift, die er dem Hofe hatte überreichen lassen, als auch die

---

*) S. Osservazioni, l. c. p. 158.

ihm vom Minister ertheilte Antwort dem Nuncius
Garampi mit und daher kommt es, daß beide unter
den nicht veröffentlichten Papieren desselben Nuncius
sich vorgefunden haben, denen alle Echtheit schon
deshalb zukommt, weil sie von der eigenen Hand
des erwähnten Nuncius abgeschrieben existiren, wären
sie selbst mir nicht auf einem so sichern Wege zuge=
kommen.

„Ich kann nicht sagen und ich finde hiefür
auch keinen Gewährsmann, ob nachher die Kaiserin
diesen ihren Entschluß, die Jesuiten ihres Reiches
zu erhalten, dem Papste geschrieben hat oder schrei=
ben ließ. Ich weiß aber, daß in jenen Tagen durch
alle Hände eine Antwort lief, die, wie es hieß, von
Rom an den päpstlichen Nuncius zu Warschau an=
gelangt war, und worin diese bestimmten Worte
vorkamen: „Jesuitae in iis regionibus permane=
bunt in statu quo, cum habitu, privilegiis et re=
gulis usque ad novam decisionem (die Jesuiten wer=
den in diesen Gegenden in ihrem bisherigen Zustande
verbleiben, mit ihrem Ordenskleide, ihren Privilegien
und Regeln bis zu neuer Entscheidung).

„In den angeführten Papieren Garampi's liest
man, daß jene päpstliche Entschließung von demsel=
ben Nuncius in authentischer Abschrift nicht nur dem
Bischofe von Vilna und seinem Suffraganenbischofe,
sondern auch, wie sich solches geziemte, dem kaiserli=

chen Hofe von Petersburg mitgetheilt wurde. Und
es ist gewiß, so fügt der genannte Nuncius in seinen Papieren, nach Verzeichnung dieser Thatsache hinzu, daß ein solches von Rom gekommenes Rescript
sowohl in jenen bischöflichen Kanzeleien, als auch in
den Archiven der kaiserlichen Kanzlei zu Petersburg
vorhanden ist. Und ich füge hinzu, was Herr Garampi verschweigen wollte, es wird sich sicher auch
noch anderswo vorfinden; wie könnte es nicht vorhanden sein in den Protokollen der Nunciatur von
Köln und in den Registern der Congregation der
Propaganda? *) Wenn es dort nicht wäre, so könnte
man nur sagen, daß Uebelwollende dasselbe entwen-
det hätten, oder daß es in der Revolutionszeit verloren gegangen sei.

„Einer meiner Freunde, ein Mann von Ver-

---

*) In einer Geschichte der Jesuiten Rußlands, von P. Masa-
leu, Verfasser vieler gelehrter Schriften, findet sich folgende Er-
wähnung, die wir wörtlich wiedergeben, ohne ihr mehr Gewicht
beizulegen, als sie verdient. „Rescript des Papstes Clemens XIV.
an die Kaiserin von Rußland, Katharina II., in Betreff der ihr
untergebenen Jesuiten bei Gelegenheit der Aufhebung der Gesellschaft
Jesu. Confirmamus, ut sunt, ne bona catholicorum trans-
eant ad schismaticos, et extendatur Breve. Dieses Rescript
findet sich im Archiv der Propaganda, dessen Verzeichniß gemeinschaftlich mit jenem der Bücherei man zur Zeit der Republik ab-
schreiben ließ. In demselben Archiv befindet sich auch das Original des Breve, gleichlautend mit dem genannten Rescripte."
S. „Osservazioni" l. c. p. 159.

dienſt und Redlichkeit, den ich hier nicht nenne, aber gewiß unparteiiſch, der lange Zeit und bis zum Tode des Cardinals Garampi mit deſſen Vertrauen beehrt worden, hatte von ihm ſelbſt alle die von mir nachgeſchriebenen Schriftſtücke, welche mit denen, die mir von Petersburg zugekommen ſind, übereinſtimmen; und er ſelbſt ſah und copirte einige andere Papiere von der Handſchrift desſelben Cardinals. Dieſer Freund hat mir ſelbe mitgetheilt, und ich werde mich einiger davon bedienen, wo der Gegenſtand es im Verlaufe fordert."

Das bisher Mitgetheilte gibt uns über die Fortexiſtenz der Jeſuiten in Rußland noch unter Clemens XIV. hinlänglichen Aufſchluß. Kommen wir zum Pontificate Pius VI.

1. Kaum hatte Pius VI. den Stuhl des h. Petrus beſtiegen, ſo ſchrieb der Obere der Jeſuiten von Rußland, P. Czerniewicz unterm 15. October 1775 an den Cardinal Joh. Bapt. Rezzonico, Sekretär des Papſtes, einen Brief, dem er eine Zuſchrift an S. Heiligkeit beifügte. In dieſer Zuſchrift erſtattete er zuerſt Bericht, welchen Schutz Katharina II. der katholiſchen Religion verleihe, und ſchloß dann alſo: „Sinat Sanctitas Vestra exorari, ut ad eximendum scrupulum reliquis, qui nobiscum sunt, juvenibus, haberi a nobis possit indicium aliquod, ex quo intelligatur saltem non displicere Sanctitati Vestrae,

quod nostri in his regionibus, ubi Breve promul-
gatum non est, pristinum Societatis Jesu statum
retineant. (Ihre Heiligkeit möge sich bewegen lassen,
den jüngern Mitgliedern unter uns jedes Bedenken
zu beseitigen und deßhalb uns irgend ein Zeichen
zu geben, aus dem man ersehen könne, daß es Ihrer
Heiligkeit wenigstens nicht mißfalle, wenn die Unsri-
gen hier zu Lande, wo das Breve nicht veröffentlicht ist, im früheren Zustande der Gesellschaft Jesu
verbleiben.) Mehr konnte man bei dem Drängen der
auswärtigen Minister nicht erwarten; und um dem
h. Stuhle selbst hiemit keine Verlegenheit zu berei-
ten, falls der Brief etwa aufgefangen würde, schickte
P. Czerniewicz denselben an den Abate Carlo Benvenuti, der sich am Hofe des Königs von Polen
aufhielt; dieser sandte ihn dann auf sicherem Wege
heimlich nach Rom. Unterm 13. Januar 1776 kam
von Sr. Eminenz die Antwort genau folgenden Inhalts: „Hochwürdiger Herr! Zu größter Freude ge-
reichte mir Ihr Brief, aus dem ich Ihre geneigte
Gesinnung gegen mich und gegen Clemens XIII., se-
ligen Andenkens, ersehen habe. Ich danke Ihnen
sehr und antworte mit Vergnügen. Ihre Zuschrift
habe ich, meinem Amte gemäß, Sr. Heiligkeit dem
Papste Pius VI. gezeigt und vorgelesen. Der Erfolg
Ihrer Bitte ist, wie ich mit Freuden denke und Sie wünschen, ein glücklicher. Inzwischen versichere ich Sie mei-

nes steten Wohlwollens — J. B. Cardinal Rezzo=
nico."*)

Da diese Antwort auf demselben Wege, auf
welchem die Bitte gekommen war, zurückging, so
legte der Auditor des Cardinals Rezzonico, der Abate
Felici an den Abate Benvenuti einen Brief bei, wo=
rin er sagte: „S. Eminenz hatte keine Schwierigkeit,
die Zuschrift zu überreichen, da dieselbe sehr gut ab=
gefaßt war. Und ich weiß, daß sie mit vieler Güte
aufgenommen wurde. Nichts desto weniger darf der
Bittsteller kein anderes Resultat erwarten, als das
sehr unfruchtbare, welches er aus dem beiliegenden
Schreiben des Cardinals erfahren wird; die Ursache
wird man, ohne daß ich sie sage, leicht begreifen."

Indessen das Erlangte konnte demjenigen ge=
nügen, welcher ja nur irgend ein Zeichen der Billi=
gung vom Papste verlangt hatte.

2. Noch ausdrücklicher ist die Approbation, welche
Pius VI. vivae vocis oraculo, den 12. März 1783
dem Hochwürdigsten Herrn Johann Benislawski, er=

---

*) „Admodum Reverende Domine. — Pergratae mihi
fuerunt literae tuae, ex quibus humanitatem tuam erga me
et Clementem XIII. felic. recordat. percepi. Gratias tibi ago
maximas et grato animo tibi respondeo. Libellum tuum pro
munere meo SS. D. N. Pontifici Pio VI. ostendi et perlegi.
Precum tuarum exitus, ut auguro et exoptas, felix: et interim
tibi, Rev. Domine, observantiam meam erga tua merita con-
stanter confirmo . . J. B. Card. Rezzonico" (Ex autogr.).

nanntem Coadjutor des Erzbischofs von Mohilev,
ertheilt hat. Dieser war ein Mitglied der Gesellschaft
Jesu, und, wie Theiner schreibt,*) „ein Mann von
ausgezeichneter Frömmigkeit"; er verdient also vollen
Glauben. Gegen Anfang des J. 1783 wurde dieser
von Katharina II. nach Rom geschickt, damit er, mit
Uebergehung sowohl des Nuncius von Warschau,
als des Card. Staatssekretärs, unmittelbar vom
Papste auswirke, daß der Hochwürdigste Bischof von
Mallo zum Erzbischof von Mohilev und er zu dessen
Coadjutor ernannt werde, und daß der Papst endlich Alles bestätige, was bis dahin in Betreff der
Jesuiten Rußlands geschehen war. Liebevoll empfing
ihn der h. Vater; er zeigte sich anfangs auch höchst
bereit, ihm Alles zu gewähren, aber wenige Tage
später, bestürmt von drohenden Noten der auswärtigen Minister, machte er große Schwierigkeiten.
Nachdem er aber von Katharina einen Brief erhalten hatte, worin diese zugab, daß ein apostolischer
Nuncius nach Petersburg geschickt werde, tröstete er
sich wieder. Er ließ Benislawski zu sich kommen
und bewilligte seine zwei ersten Forderungen mit
großer Güte; bezüglich der dritten aber, in Betreff
der Jesuiten, entschuldigte er sich, unter gegenwärtigen
Umständen könne er kein Breve oder öffentliches Re-

---

*) Vicende della Chiesa cattolica nella Polonia e nella
Russia. Lugano 1843, pag. 492.

script ausfertigen. Ein solches hätte die auswär=
tigen Minister aus der Fassung gebracht. Benis=
lawski erwiederte, er habe gerade keine besondere
Instruktion, ein Breve zu verlangen; man sei zufrie=
den mit einer „mündlichen Erklärung“. Diese erhielt
er denn auch ohne Rückhalt, indem Pius VI. drei=
mal wiederholte: Approbo, approbo, approbo.

Diese mündliche Erklärung des Papstes hat Be=
nislawski bei seiner Rückkehr nach Rußland eidlich
bezeugt. In Folge davon erließ denn auch der Ge=
neral=Vikar der Jesuiten, P. Czerniewicz, den 13. Aug.
1783 an alle Häuser und Collegien ein Rundschreiben,
worin er verordnete, daß zur Danksagung alle Priester
drei h Messen lesen und die Nicht=Priester drei Rosen=
kränze beten sollten. Um endlich die Thatsache gegen
alle künftigen Zweifel festzustellen, faßte der Hochw.
H. Benislawski einen schriftlichen Bericht ab, den
er mit seiner Unterschrift und seinem Siegel authen=
tisch versehen wollte.*)

3. Um die nämliche Zeit hatte der Papst dem
ehrwürdigen Diener Gottes P. Joseph Maria Pignatelli
folgende Beruhigung gegeben. Letzterer hatte sich
entschlossen, nach Rußland zu gehen, um dort das
Kleid der Gesellschaft Jesu wieder anzuziehen. In=
deß wollte er hierüber zuerst den Rath des Papstes

*) S. „Osservazioni“ l. c. pag. 165, wo das Original
mitgetheilt wird.

Pius VI. vernehmen. Dieser bestärkte ihn in seinem Entschlusse, er solle nur gehen; denn er erkenne die dortigen Väter als wahre Jesuiten an. Diese Antwort Pius VI. ist uns eidlich bezeugt durch den Abate Don Luigi Mozzi, dessen Frömmigkeit ebensosehr anerkannt ist, als seine Gelehrsamkeit. In dem Leben des Dieners Gottes wird also erzählt: „P. Pignatelli hatte den Plan gefaßt, nach Rußland zu gehen. Vor der Ausführung jedoch ging er zu Pius VI. und bat ihn, er möchte ihm aufrichtig sagen, ob er die dortigen Jesuiten als w a h r e J e s u i t e n betrachte, und ob er zufrieden sei, daß er daselbst das frühere Ordens-Kleid wieder anziehe. Der h. Vater antwortete ihm, er solle nur gehen; er sei es zufrieden, daß er jenes Kleid mit ruhigem Gewissen wieder anziehe; er betrachte die dortigen Jesuiten als wahre Jesuiten und d i e d o r t b e s t e h e n d e G e s e l l s c h a f t a l s r e c h t m ä ß i g b e s t e h e n d. P. Pignatelli sagte mir dies mehrere Mal und versprach, davon eine eidlich bezeugte Schrift auszustellen. Und ich schwöre vor Gott, daß ich Alles, was ich hier erzähle, mehrere Mal aus seinem eigenen Munde gehört habe."*)

In Rom ließen die Minister, besonders der von Spanien, nicht ab, Pius VI. zu belästigen. Als sie nun nach der Abreise des Hochw. Hrn. Benislawski

---

*) Vita del servo di Dio p. M. Pignatelli scritta dal p. Agostino Monçon. Roma 1833. pag. 99.

wahrgenommen hatten, daß den Jesuiten in Rußland
Zugeständnisse gemacht worden seien, erhoben sie gro=
ßen Lärm und stürmten in ihren Noten mit Schreck=
schüssen und Drohungen auf den Papst los. Das
erfuhr die Kaiserin Katharina und höchlich darüber
aufgebracht, schrieb sie an Pius VI., sie sei entschlossen,
die Jesuiten selbst im Kriegsfalle bis aufs äußerste
zu vertheidigen.

Es scheint in der That, daß von nun an die
Minister immer ruhiger wurden, und Pius VI.
stand es frei, den Jesuiten in Rußland größere Beweise
von Liebe und Wohlwollen zu geben. In verschie=
denen Rescripten ertheilte er ihnen Abläße für das
Fest des h. Stanislaus. Und nachdem der Infant
von Spanien, Ferdinand, Herzog von Parma, unterm
27. Juli 1793 von Katharina II. sich einige Jesuiten
zur Gründung einer bleibenden Niederlassung in
Parma ausgebeten, und hiefür, den 20. Januar 1794
bei Pius VI. um die Genehmigung nachgesucht hatte,
ertheilte er solche in den wohlwollendsten Ausdrücken,
obgleich die Rücksicht gegen die Höfe einige äußere
Beschränkungen nothwendig machte.*) Sein Nach=
folger Pius VII. handelte noch freier. Durch ein
Breve vom 7. März 1801 hob er das von Clemens XIV.

*) S. Istoria della Vita del v. P. M. Pignatelli d. C. d.
Gesu, descritta dal P. Boero della med. C. Roma, 1857.
pag. 264.

förmlich auf, ſetzte, nach dem ausdrücklichen Wunſche
Kaiſers Paul I., für ganz Rußland die Geſellſchaft
Jeſu in alle Rechte wieder ein, die ſie vor ihrer Unterdrückung gehabt hatte, und erhob den ſeitherigen
Vikar zum General-Obern.*) Drei Jahre ſpäter erbat
Ferdinand IV. von Neapel, derſelbe König, der in ſeiner jugendlichen Unbeſonnenheit, von treuloſen Rath-
gebern verführt, ſie ſo ſchimpflich aus ſeinem Reiche
gejagt hatte, die Wiedereinführung der Jeſuiten als
eine Gnade, mit dem Erbieten, alle Güter an ſie zu-
rückzugeben. Der Papſt beeilte ſich dieſen Wunſch zu
gewähren durch ein Breve vom 31. Juli 1804.
Endlich im Jahre 1814 wurde durch die unterm
7. Auguſt ausgefertigte Bulle „Sollicitudo omnium
Ecclesiarum" das Breve Clemens XIV. feierlich widerrufen, jede wider die Geſellſchaft Jeſu darin enthaltene Anklage als unbegründet erklärt und der
Orden auf dem ganzen katholiſchen Erdboden wieder
hergeſtellt.**)

Welche Schlüſſe, ſo fragen wir nun, ergeben ſich
aus vorliegenden Thatſachen?

*) In mehreren Reſcripten und Breven Pius VII, in Ori-
ginalbriefen des Cardinals Staatsſekretärs Conſalvi und einiger
apoſtoliſchen Nunzien an die P.P. Franz Kareu, Gabriel Gruber
und Thaddäus Brozozowski werden dieſe als „Praepositus Ge-
neralis Societatis Jesu" betitelt und iſt die Anſicht jener alſo
zu berichtigen, welche die kirchliche Anerkennung dieſes Titels in
Abrede geſtellt haben.
**) Vgl. Riffel, S. 208.

Daraus folgt nothwendig,

1. daß die in Schlesien und Weiß-Rußland auch nach dem Aufhebungsbreve fortexistirenden Jesuiten zu dessen Ausführung das Ihrige hinlänglich gethan haben, und somit deshalb schon des „Ungehorsams" und „Schisma" nur mit Unrecht beschuldigt werden;

2. daß nach den allgemein angenommenen Grundsätzen des canonischen Rechtes das Aufhebungs- breve, welches die örtliche und persönliche Mittheilung zur Bedingung hatte, für die genannten Jesuiten, weil weder örtlich noch persönlich ihnen mitgetheilt, gar nicht verpflichtend war. Aber auch hievon ab- gesehen, hat

3. Clemens XIV. selbst auf der Ausführung seines Breve in Schlesien und Rußland nicht bestan- den, und es liegen sogar Gründe vor, die seine aus- drückliche Zustimmung zum unveränderten Fortbe- stande der dortigen Jesuiten annehmen lassen.

4. Jedenfalls unterliegt eine solche ausdrück- liche Billigung von Seite seines Nachfolgers Pius VI. keinem Zweifel; und in dem Maße, als der Druck der bourbonischen Höfe nachließ, hat sich das Wohl- wollen der Päpste gegen die Gesellschaft immer ent- schiedener kund gegeben.

5. Gerade diese kritische Periode (1773—1814) in der Geschichte des Jesuitenordens drängt zur Ueber- zeugung, daß ein außerordentlicher Schutz Gottes

über diesem Orden waltete; daß — man denke an
das „compulsus feci" des unglücklichen Ganganelli —
wohl der Arm der Kirche gegen seine Bedränger, nie
aber ihr Herz ihm gefehlt hat; und daß durch die
Wiederherstellungsbulle im Jahre 1814 der Gesellschaft
Jesu, welche in Weiß-Rußland in jener ganzen Zeit
rechtmäßiger Weise, mit allen Rechten und Pflichten ihrer bisherigen Ordensverfassung, fortbestanden hatte,
besonders der zeitweilig entzogene äußere Schutz wieder
zurückgegeben wurde, und diese öffentliche und feierliche Satisfaction als authentische Widerlegung aller
bisherigen Anklagen zu betrachten ist.

Wir stehen vor der Befeindung dieses tüchtigen
Ordens als vor einem offenkundigen „Mysterium der
Bosheit".

Da man aber die Unschuld nie zu sehr in Schutz
nehmen kann, theilen wir noch die wörtliche Uebersetzung eines in Deutschland wenig bekannten Acten-
stückes mit, wodurch obige Behauptungen eine neue
Bekräftigung erhalten.

Authentischer Bericht einer Unterredung des Card.
Calino mit dem h. Vater Pius VI. am 1. April 1780.

Am Samstage vor dem weißen Sonntage, den
1. April des lauf. Jahres 1780, hatte der Cardinal
Calino zum letzten Male eine Audienz bei Sr. Heiligkeit Pius VI., dem glücklich regierenden Papste;
er wollte von Sr. Heiligkeit Abschied nehmen, um

aus Rücksichten seines Alters und seiner Gesundheit
in seiner Vaterstadt Brescia sich in die Einsamkeit
zurückzuziehen.

Nachdem er sich in dieser Audienz einige Gna-
den für seine Person und das Heil seiner Seele von
Sr. Heiligkeit erbeten hatte, ergriff er nochmal das
Wort und redete also:

„Heiligster Vater! als ich mich diesen Morgen
in dem h. Meßopfer, welches ich unwürdig darge-
bracht habe, in besonderer Weise Gott anempfahl,
hat er mir eingegeben, Euer Heiligkeit eine Bitte
vorzutragen, zu der ich mich als Cardinal, und zwar
als Cardinal von so hohem Alter, verpflichtet glaube.
Ich will nicht mit der Schuld, diese Pflicht vernach-
lässigt zu haben, vor den göttlichen Richterstuhl hin-
treten, zu dem ich als ein Greis von 84 Jahren jedenfalls bald abgerufen werde.“

Auf diese Worte ermuthigte ihn der Papst mit
großer Herablassung, frei und offen zu reden. Als-
dann fuhr der Cardinal fort: „Heiligster Vater, ich
empfehle Ihnen die Gesellschaft Jesu, welche durch
eine geheime Verbindung von vier oder fünf Mini-
stern ungerechter Weise unterdrückt ist. Selbst ohne
Religion, arbeiteten sie auf die Vernichtung jener hin,
welche dieselbe aus allen Kräften beförderten, und
als Feinde (des rechtmäßigen Ausspruches) des h.
apostolischen Stuhles, beschworen sie ihn gegen die-

jenigen, welche stets ins Feld rückten, um denselben durch ihre Anstrengungen und selbst mit Vergießung ihres eigenen Blutes gegen die Angriffe dieser Feinde zu vertheidigen. Nicht ich bin es," sagte der Cardinal weiter, „welcher also redet; es spricht in mir Clemens XIII., welcher Sie zum Cardinal ernannt hat. Wiederholt sagte mir dieser h. Papst, daß gegen die Gesellschaft Jesu vier oder fünf Minister den Krieg führten, welche als despotische Herrn der Kabinette, mit Hintergehung ihrer Fürsten, ihre Netze webten und weiter fortspännen, um vereint die Gesellschaft und den h. Stuhl zu umgarnen.

Ich habe eine langjährige Weltkenntniß, bin während zwanzig Jahren Bischof gewesen mit festem Sitze; ich mußte die Jesuiten kennen lernen. Das aber kann ich sagen, allgemein habe ich unter ihnen eine gesunde Lehre gefunden, musterhafte Sitten, einen unermüdlichen Eifer im Beichtstuhle, auf der Kanzel, auf Missionen, in der Schule, am Sterbelager, kurz, in jeglicher apostolischen Amtsverrichtung, welche ihre heiligen Regeln vorschrieben. Dieses gemeinnützige Gute habe ich unter den Jesuiten sehen und gleichsam greifen können mit meinen Händen. Freilich habe ich auch von dem allgemeinen Verderbnisse des ganzen Körpers, von der laxen Moral, den ärgerlichen Sitten, von den verderblichen Grundsätzen für den Glauben, für die Staaten, für die Völker und

Fürsten reden hören und in Büchern gelesen; aber ich müßte ein großer Thor sein, heiligster Vater, wenn ich nicht mir, sondern denjenigen Glauben bei= messen wollte, welche von den Jesuiten schlecht schrei= ben oder sprechen, im Widerspruche mit meiner eigenen Erfahrung. An alle, welche bei gegebener Gelegenheit schlecht von ihnen sprachen, habe ich die Frage ge= stellt, ob sie von diesem allgemeinen Verderbnisse des ganzen Körpers Augenzeugen gewesen wären, und immer erhielt ich zur Antwort, sie hätten es gelesen oder sagen hören. Ich drang weiter in sie und fragte, ob sie das Gute unter den Jesuiten selbst ge= sehen oder nur davon gehört hätten — und sie ant= worteten mir, sie könnten bezeugen, daß sie den viel= fachen, durch die Thätigkeit der Jesuiten gestifteten Nutzen selbst gesehen hätten. Dann schloß ich mit den Worten: Ich habe den Grundsatz, eher meinen Augen zu glauben, als den Aussagen Anderer, wenn diese mit dem Zeugnisse meiner Augen nicht über= einstimmen. Damit soll nun freilich nicht gesagt sein, ich hätte niemals an Einzelnen auch einen Fehler wahrgenommen; aber es waren Fehler, die von der menschlichen Schwäche unzertrennlich sind. Und selbst diese ließ man nicht ungestraft hingehen; denn ich weiß ganz zuverlässig, daß die Obern auf vollkom= mene Abhülfe bedacht waren, sobald sie dieselben wußten; und somit waren es keine Fehler, welche

die allgemeine Zucht zu untergraben vermochten; der
Körper des Ordens blieb stets unversehrt. Auch
habe ich die Jesuiten selbst über die unvorsichtige
Handlungsweise eines ihrer Mitbrüder sich oft be=
klagen hören.

Was nun das Gute angeht, welches Clemens XIV.
durch die Unterdrückung des Jesuiten=Ordens zu er=
zielen vermeinte, so kann Eure Heiligkeit selbst Zeug=
niß dafür ablegen, ob dasselbe in der Gegenwart
wirklich vorhanden ist. Ich habe jenem Papste meine
Stimme gegeben; aber seine Handlungsweise habe
ich nie billigen können .... Die einzige erträgliche
Entschuldigung, welche man für ihn vorbringen kann,
ist seine Geisteszerrüttung. Seine Vertrauten haben
mir Sachen erzählt, welche unzweifelhaft für eine
solche Zerrüttung zeugen, z. B. die Versuche, aus
dem Fenster zu springen und sich aus dem Bette zu
stürzen, weil er fürchtete, von den bereits aufgehobe=
nen Jesuiten getödtet zu werden. Daß er zur
Nachtzeit die bereits nicht mehr bestehenden Jesuiten
zu sehen glaubte, daß er dabei vor Angst zitterte,
und anderes dergleichen mehr, ist mir von dem Sohne
meines Dekans, welcher des Nachts bei ihm wachte,
erzählt worden. Wenn aber dem so ist, so bitte ich
Eure Heiligkeit inständig, Sie wollen zur Wiederein=
setzung dieses Ordens die nöthigen Maßregeln tref=
fen. Glauben Sie mir nur, dadurch würden Sie

Ihrem Pontificate Ehre machen und sich die gesammte Kirche verpflichten.

Ich weiß wohl, daß von Seiten der Fürsten
Hindernisse im Wege stehen, aber im Grunde sind
es nur wenige; auch gehen die erhobenen Bedenken
nicht aus eigener Einsicht und Ueberzeugung hervor,
sondern eine solche Ansicht wird ihnen gegen ihren
Willen von den Ränken der Minister aufgedrängt.
Eure Heiligkeit allein kann den Knoten zerhauen
und unmittelbar den Fürsten die Wahrheit beibrin-
gen. Dem Stellvertreter Christi, der zugleich Fürst
eines umfangreichen Staates ist, können die Mittel
zur Ausführung nicht mangeln. So haben viele
Ihrer Vorgänger auf dem päpstlichen Stuhle gehan-
delt, sie haben die Finsterniß verscheucht und die
Wahrheit ans Licht gebracht, und die Folge davon
war, daß der eine oder andere Minister seinen Posten
oder die Gnade seines Herrn einbüßte. Jetzt höre
ich, daß einige Männer des diplomatischen Corps in
Rom Eure Heiligkeit bestürmen, Sie möchten durch
eine Bulle die Unterdrückung der Gesellschaft bestätigen und die Jesuiten von Weiß-Rußland für Schis-
matiker erklären, weil sie in ihrer früheren Stellung
verblieben, indem dort das Aufhebungs-Breve nicht
veröffentlicht worden ist. Heiligster Vater, während
jene Ehrenmänner die dogmatischen Bullen und
die Bulle: In coena Domini, welche feierlich in Rom

proclamirt wurde, aufs hitzigste bekämpfen, spielen sie für dieses Aufhebungs-Breve die Eifrigen; diesem Breve allein bezeigen sie Ehrerbietigkeit. Ja, dieses ist vielleicht das einzige, welchem sie eine unfehlbare Autorität beimessen; es ist für sie wie ein fünftes Evangelium. Aber Eure Heiligkeit sind zu erleuchtet, als daß Sie Sich überlisten ließen. Bei den Breven, welche einzig und allein die kirchliche Disciplin betreffen, schreitet man in allen übrigen katholischen Ländern nicht zur Veröffentlichung, bevor man die königliche Genehmigung eingeholt hat. Dieses System ist thatsächlich in allen Staaten angenommen, und der h. Stuhl hat dieses Verfahren der katholischen Mächte niemals mißbilligt. Denn in der That, ein Breve über bloße Disciplin kann, während es einem Reiche Nutzen bringt, für ein anderes wegen zufälliger Umstände nachtheilig sein; diese Umstände aber muß der Regent, der an Ort und Stelle ist, kennen. Daher geben selbst katholische Schriftsteller ersten Ranges das Recht des Bittgesuches (jus precum) zu, wie auch das Recht, dem Papste „Vorstellungen zu machen" (jus repraesentandi) über die nachtheiligen Folgen, welche die Veröffentlichung eines solchen Breves nach sich ziehen würde. Weil nun der Erfolg der Appellation an den ersten Stuhl unentschieden ist, so treten inzwischen in Folge dieser Vorstellung die Bestimmungen des Breves noch nicht in Kraft,

da es dem Papste als einem weisen Lenker der Kirche
zusteht, auf solche Bittgesuche oder Vorstellungen der
Mächte hin von der Verpflichtung, welche ein sol=
ches Breve oder kirchliches Gebot auferlegt, zu ent=
binden. Dies ist eine wohlbegründete und auf Wahr=
heit beruhende Lehre. Freilich ist sie von den An=
hängern der Fürsten zu weit ausgedehnt und bis
zum Ungeheuerlichen mißbraucht worden, indem sie
die Entbindung von dem kirchlichen Gebote von der
Nichtannahme der Fürsten herleiteten; eine solche
Ansicht halte ich für ebenso falsch, als wenn man
die Nichtigkeit irgend eines Civilgesetzes von dem
Widerstande ableiten wollte, welchen das Volk gegen
dasselbe erhebt. Die Nichtannahme des Volkes kann
nur ein vernünftiger Grund für den Fürsten sein,
entweder sein Gesetz zurückzunehmen oder wenigstens
von der verpflichtenden Kraft zu entbinden; sonst wäre
nicht der Fürst, sondern das Volk der Gesetzgeber.

Weil nun in Weiß=Rußland nicht zur Veröffent=
lichung des Breves Clemens XIV. geschritten wurde,
da jenen Bischof, der Kraft desselben Breve mit
der Veröffentlichung betraut war, die Umstände,
welche Eurer Heiligkeit nicht unbekannt sind, daran
verhinderten, so behaupten die Jesuiten in Rußland
ihren gegenwärtigen Besitzstand in rechtlicher Weise
und sind als wahre Jesuiten, seit 240 Jahren von
19 Päpsten durch so viele Bullen und Breven be=

stätigt, zu betrachten. Wo bleibt also ihre Häresie oder ihr Ungehorsam? Der Bischof hat ihnen das Breve nicht veröffentlicht, weil der Hof von Petersburg jeden, der es veröffentlichen würde, mit Verbannung bedrohte. Die kirchlichen Gesetze verpflichten sicherlich nicht unter so schwerer Last. Ja, selbst die katholischen Fürsten konnten nicht ohne alle Makel dem Breve freien Lauf lassen; denn zu dem bereits oben angeführten Grunde kommt noch ein besonderer von Seiten des Papstes selbst hinzu, da er sich den Fürsten gegenüber nur solcher Ausdrücke bediente, die eine bloße Aufmunterung enthielten: „hortamur principes." Es war also die Absicht des Papstes Clemens sebst, den Fürsten keine Verpflichtung zur Ausführung aufzulegen. Wie sollten wir also jene Fürsten für verpflichtet halten, welche nicht in kirchlicher Gemeinschaft mit Rom stehen?

Endlich belehren uns die kirchlichen Annalen, daß die Aufhebungsbreven religiöser Genossenschaften in vielen Reichen und Provinzen nicht vollzogen wurden; auch hat man in Rom niemals eine Verdammungsbulle gegen jene Religiosen erlassen, welche in der Beobachtung ihrer alten Ordensregel fortfuhren. So wissen wir es von dem Orden der Diener Mariens, den Papst Innocenz V. in der auf dem allgemeinen Concil von Lyon beantragten und vollzogenen Unterdrückung miteinbegriffen er-

klärte. Dasselbe gilt von dem in Rom unterdrückten
Orden der barmherzigen Brüder, welcher sich in Spanien aufrecht erhielt, weil dort das Aufhebungsbreve
Clemens VIII. nicht veröffentlicht war. Ebenso vom Orden der Piaristen, welcher in Rom ausdrücklich aufgehoben und aus der Reihe der regulirten Orden ge-
strichen wurde, sich aber in Polen und in andern
Theilen des Nordens als regulirter Orden erhielt.
Ja, es sind noch zwei Briefe vom h. Joseph von Calasanza vorhanden, welche in den summarischen Bericht
des Protokolls vom Jahre 1716 aufgenommen wurden, als Msgr. Lambertini, der als nachheriger Papst
eine so große Gelehrsamkeit in diesem Fache bewies,
öffentlicher Anwalt (promotor fidei) war. In diesen Briefen schreibt der Diener Gottes als damali-
ger General des Ordens der Piaristen (wenngleich
seine Autorität gehemmt war) ausdrücklich, daß
seine Religiosen fortfahren sollten, nach der Ordensregel zu leben, weil ihnen das Breve nicht von jenen Ordinarien mitgetheilt worden sei, die in
Kraft des Breve Innocenz X., von dem die Aufhebung ausging, dasselbe den Genossenschaften mitzutheilen hatten. Und doch finden wir bei Lambertini nicht die Spur von einer Ahndung, wodurch er
ihm etwa Grundsätze zur Last legte, die sich mit der
den apostolischen Verordnungen schuldigen Unterwürfigkeit nicht vertrügen. Noch mehr, wir lesen im Le-

ben des Heiligen, welches von einem Piaristen in
Rom bei St. Michael a Ripa herausgekommen ist,
daß er als hochbejahrter General, in Voraussicht
des verhängnißvollen Schlages, den ehrwürdigen Bruder Onosrio vom h. Sacrament nach Polen und in die
andern nördlichen Gegenden, wo ihre Genossenschaften am zahlreichsten waren, absandte, um der Veröffentlichung des Breve in jenen Provinzen entge-
genzuwirken, und der Erfolg war glücklich. Gleichfalls sagt derselbe Verfasser, daß noch bei Lebzeiten
des Heiligen mehrere Werke zur Entkräftung des
Breves Innocenz X. im Drucke erschienen seien,
und daß diese noch jetzt in den Ordensarchiven
zu Rom sich vorfinden. Ferner ist, um auch von
den Ereignissen meiner Zeit zu reden, in Gegenwart
Eurer Heiligkeit der Seligsprechungsprozeß des ehrw.
Johannes Peccador geführt worden, der eben zu
jener Zeit, als in Rom im Jahre 1592 von Papst
Clemens VIII. das Aufhebungsbreve veröffentlicht
wurde, barmherziger Bruder in Spanien war, wo
das Breve, wie ich vorhin sagte, nicht vollzogen
wurde. Es starb der Diener Gottes zu derselben
Zeit, wo man in Rom zur thatsächlichen Aufhebung
schritt, nämlich im Jahre 1600, eilf Jahre vor der
Wiederherstellung des Ordens durch Paul V., (diese
erfolgte im Jahre 1611) und doch hinderte dieser Umstand nicht, daß der ehrw. Peccador barmher-

ziger Bruder, wie früher, verblieb und in dem Pro=
zesse mit dem Namen eines „Ordens = Professen" be=
titelt wurde, und Eure Heiligkeit selbst hat ihn in dem
Breve, in welchem seine Tugenden für heroisch er=
klärt werden, gleichfalls „Profeß des Ordens" des
h. Johannes von Gott genannt; und somit ist er
ganz und gar auf dieselbe Stufe mit jenen Dienern
Gottes gestellt, welche als Professen zu einer Zeit
gestorben sind, wo jene regulirten Orden noch nicht
unterdrückt waren. Bei ihnen aber bezeichnet jener
Titel die actuelle Thatsache, daß sie nämlich in dem=
selben religiösen Orden, in welchem sie ihr feierliches
Ordensgelübde abgelegt hatten, auch gestorben sind.

Ich sage dieses Eurer Heiligkeit, um zu zeigen,
wie weit sich Einige von der Wahrheit entfernen, wenn
es sich um die Jesuiten handelt. Man tritt alle
Gesetze mit Füßen, um nur auf sie einen Angriff
machen zu können. So viel steht fest, dieser Orden
ist unterdrückt worden ohne Verhör und ohne Ver=
theidigung; und die Handlungsweise des Cardinals
Malvezzi in Bologna und anderer Cardinäle hier zu
Rom und in Frascati vor der Aufhebung, die sie
begleitenden Umstände und die Thatsachen, welche
auf dieselbe folgten, gereichen zur Unehre des
h. Stuhles; ja sie sind, um es offen zu sagen, ein
Verstoß gegen das menschliche Gefühl.

Eure Heiligkeit kennen die Unschuld des Körpers,

des Hauptes und der Assistenzen. Sie haben die Pro-
zesse, welche zur Zeit der Strenge geführt wurden,
selbst durchgesehen. Der General Ricci war ein
heiliger Mann und Eurer Heiligkeit wohl bekannt.
Alle diese Thatsachen insgesammt müssen ein Sporn
für Eure Heiligkeit sein, kein Mittel unversucht zu
lassen, um diese Makel von dem apostolischen Stuhle
abzuwaschen, indem Sie der Unschuld die geraubte
Ehre und der Kirche und der Erziehung einen Orden zurückgeben, der sich um beide so wohl verdient
gemacht hat."

Dies ist der Hauptsache nach, was der Cardinal
dem Papste vortrug, nicht in fortlaufender Rede,
sondern mit Unterbrechungen, wie es im Gespräche
zu geschehen pflegt. Manches wurde dabei auch vom
Papste angeführt, um die Worte des Cardinals zu
bekräftigen.

Der Papst bewies sich bei diesem Vorfalle geneigt für Wahrheit und Gerechtigkeit. Er sagte, die
Aufhebung der Gesellschaft sei ein wahres Geheimniß der Bosheit gewesen; alles Geschehene sei mit
Ungerechtigkeit und Gesetzwidrigkeit verübt worden.
Er kenne das Unheil, welches aus der Unterdrückung
der Jesuiten für die Kirche erwachsen sei; Er sei von
Seiner Seite vollkommen geneigt, den Orden wieder-
herzustellen; die Ausführung sei nicht unmöglich, sie
hange vom Leben eines Einzigen ab. Wenn sich

Ihm eine günstige Gelegenheit dargeboten hätte, so würde Er sie von Herzen gern ergriffen haben. Clemens XIV. sei nicht nur nach vollführter Aufhebung geistesverwirrt gewesen, sondern auch bereits vor derselben. — Wir müssen, sagte er, mit Vorsicht zu Werke gehen; die Minister geben uns bei den Höfen für einen ihrer Affilirten aus. Wir müssen Einiges, das nicht zum Besten der Jesuiten ist, durchgehen lassen, um nicht noch größeres Unheil auf sie herabzurufen. Gott möge uns den Weg eröffnen, der zum erwünschten Ziele führt; die Wiedererweckung der Gesellschaft ist nicht unmöglich, weil ihre Aufhebung ungerecht und gesetzwidrig war.

Wir Unterzeichneten bezeugen, daß das in diesen Blättern Enthaltene der Hauptinhalt jener Unterredung ist, welche wir mit Seiner Heiligkeit Pius VI., am Samstag Morgen vor dem weißen Sonntage des obengenannten Jahres 1780 hatten, als wir zu einer Audienz beim h. Vater zugelassen waren, um für den Rücktritt in unsere Vaterstadt Brescia von ihm Abschied zu nehmen. Zur Beglaubigung dessen haben wir unseren Sekretär mit der Ausfertigung dieses Zeugnisses beauftragt, und ihm gebührt wegen unserer eigenhändigen Unterschrift dieselbe Glaubwürdigkeit und dieselbe Authenticität, welche es haben würde, wenn es aus der Hand eines öffentlichen Notars unter allen nur möglichen gesetzmäßigen

Formen entgegengenommen wäre. Und zur Beglaubigung u. s. w.

L. Card. Calino.*)

8. Kommen wir zu einem andern Einwande, womit man in neuerer Zeit wiederholt versucht, die Jesuiten, so viel uns bekannt ist, selbst bei dem Weltclerus verhaßt zu machen. „Ein großer Theil der Pfarrgeistlichkeit", heißt es, „könne nicht damit zufrieden sein, daß ihr die Seelsorge, wozu sie berechtigt und verpflichtet ist, durch Einmischung der Jesuiten entzogen werde." Bei den Hochwürdigsten Bischöfen sollte ihnen wegen ihrer „Renitenz" und ihrer „Befreiung von jeglicher bischöflicher und pfarrlicher Gewalt und Aufsicht" vollends alles Vertrauen entzogen werden. Allein die Hochwürdigsten Herren Bischöfe, wie die Herren Pfarrer sehen sich weit öfter zur Klage veranlaßt, daß die Jesuiten sich nicht noch mehr mit der Seelsorge befassen können. Die Pfarrgeistlichkeit selbst requirirt sie von nah und fern, und wir wenigstens wüßten nicht, zu was für begründeten Klagen gegen unbefugte Einmischung Anlaß ge-

---

*) Mitgetheilt im Werke „Osservazioni", part. 2. pag. 254. ff. — mit dem Zusatze: Exemplar hoc omnino concordare cum suo autographo, per me sub die 17. currentis publice recognito, facta prius diligenti collatione, testor ego Franciscus Joseph Masini civis et publicus Bononiae notarius collegiatus legitime requisitus. In quorum fidem etc .. hac die 28. Julii 1789. † Loco sigilli.

geben worden wäre. Der Jesuit, das ist eine That=
sache, unternimmt niemals eine priesterliche Funktion,
ohne die Erlaubniß des Pfarrers oder Bischofs, den
es betrifft. Es nimmt sich eigenthümlich aus, wenn
gewisse Leute, die sich an kirchliche Autorität tausend=
mal weniger kehren, als an die Dogmen der „Köl=
nischen Zeitung", da, wo es ihren Parteizwecken dient,
für Bischof und Clerus ihre Lanze einlegen wollen!

Diesen unberufenen Vorkämpfern wollen wir
hier einige „Aktenstücke" vorlegen, welche sie von
ihrem Eifer ein für allemal dispensiren.

Als der „Große Rath" des Kantons Luzern dem
Erziehungsrathe den Auftrag ertheilt, über das Wir=
ken und das allseitige Leben der Jesuiten Nachforschun=
gen anzustellen, gelangte dieser mit Schreiben auch an
die Bischöfe in und außer der Schweiz, wo Jesuiten der
Erziehung und der Seelsorge oblagen. Von den vier zur
Beantwortung vorgelegten Punkten betraf der dritte das
Verhältniß der Gesellschaft Jesu zur Weltgeistlichkeit,
und der vierte das zum bischöflichen Ordinariate.
Vernehmen wir die offizielle Antwort auf diese zwei
Punkte.

I. Aus dem Schreiben des Hochwürdigsten Bischofs von Sitten.

„c. Die Frage von dem Verhältnisse dieser
Gesellschaft zur Weltgeistlichkeit glauben Wir nur

mit der Bemerkung berühren zu müssen, daß die hiesige Priesterbildungsanstalt nicht unter der Leitung der Jesuiten stehe; indessen wirken sie doch wohlthätig auf die religiöse Bildung derselben dadurch ein, daß sie alljährlich den Candidaten der Theologie eine Geistesübung halten und manchem Priester mit ihrer weisen Anleitung im priesterlichen Leben rathend an die Hand gehen.

In welchem Vernehmen übrigens die besprochene Gesellschaft mit Unserer Landgeistlichkeit überhaupt stehe, können Sie am besten daraus beurtheilen, daß die ansehnlichsten Pfarreien Unseres Sprengels um ihre Missionen angehalten und über den glücklichen Erfolg und den heilsamen Einfluß derselben auf die Religiösität und Sittlichkeit, so wie auch über den apostolischen Eifer der Geistesmänner die vollkommenste Zufriedenheit und den wärmsten Dank gezollt haben.

d. Wegen eben dieser Gründe sowohl, als auch wegen der besondern Anhänglichkeit, so die Ehrw. V.V. Jesuiten dem hiesigen Ordinariate in allen Umständen bewiesen haben, können Wir nicht umhin, Uns vortheilhaft für den Orden der Gesellschaft Jesu auszusprechen, und freuen Uns, wenn Unsere Mittheilung zur Anerkennung ihrer Verdienste in der katholischen Schweiz in etwas beizutragen und ein Gewicht in die schwebende Wageschale zu legen vermag."

Sitten, den 29. Januar 1843.

Moritz Fabian, Bischof von Sitten.

II. Aus dem Schreiben des Hochwürdigsten Bischofs von Lausanne und Genf.

"3. Wir kennen keine Lehrer, die tauglicher sind, die Jugend in den Wissenschaften und christlichen Tugenden heranzubilden. Die Jesuiten pflegen die Theologie binnen vier Jahren zu lehren, während welcher sie alle Zweige der kirchlichen Wissenschaften vortragen, und so wirken sie kräftig zur Bildung der jungen Zöglinge des Heiligthums mit, deren eigentliche Clerical-Erziehung jedoch im großen Seminare vollendet wird. Diejenigen, welche über die traurigen Folgen nachdenken, die ein oberflächliches und nach dem Wechsel der Privatmeinungen unstätes Studium der Theologie nach sich zieht, begreifen leicht, welch heilsamen Einfluß auf die Geistlichkeit und das gläubige Volk erfahrne Lehrer ausüben, deren Lehre das Gepräge der Gleichförmigkeit und Unveränderlichkeit — das Gepräge der Kirche selbst — an sich trägt und deren Unterricht durch das Beispiel unterstützt ist. Auch können Wir Uns nur Glück wünschen sowohl über die herrlichen Früchte dieser Lehrart, als auch über das gute Vernehmen, welches zwischen der Geistlichkeit und den Jesuiten zum großen Vortheile des Volkes herrscht. — Die Geistlichkeit dieses Kantons hatte vor einigen Jahren eine ganz besondere Gelegenheit, ihre Gesinnungen in Bezug auf die Gesellschaft Jesu deutlich zu erkennen zu geben. Diese Gelegenheit wurde ihr dargeboten durch einen untergeschobenen, in eine Zeitung eingerückten Brief, der für die Jesuiten sehr beleidigend war und boshafter Weise einem Pfarrer des Kantons zugeschrieben wurde. Die Hochwürdigen Herren Pfarrer fühlten sich dadurch gekränkt, daß man ein Mitglied der Geistlichkeit in Verdacht haben könnte, und vereinigten sich daher aus freiem Antriebe, um gegen diesen Brief förmliche Einrede zu thun, und alle ohne Ausnahme unterzeichneten eine feierliche Erklärung ihrer Anhänglichkeit an die Gesellschaft Jesu.

Wir ließen darauf die Erklärungen eines jeden Dekanats veröffentlichen, und machen uns ein Vergnügen daraus, sie Ihnen hier mitzutheilen, fest überzeugt, daß, wenn gleiche Umstände einträten, Unsere Geistlichkeit noch heute dieselben Gesinnungen an den Tag legen würde.

4. Was nun das Verhältniß der Jesuiten zum Ordinariate angeht, so haben sie nicht nur niemals Uns den geringsten Anlaß zu Klagen gegeben, sondern Wir hatten stets gegründete Ursache, mit ihrer Demuth, Unterwürfigkeit und Ergebenheit höchst zufrieden zu sein. Keiner widmet sich der Seelsorge, ohne dazu unsere Bewilligung gleich den andern Ordensgeistlichen erhalten zu haben, laut der Satzung Pius VII. vom 7. August 1814, welcher die Gesell-

schaft Jesu in der ganzen christlichen Welt wieder
herstellte. Jene, welche lehren, unterwerfen gleich=
falls ihre Lehrsätze Unserer Gutheißung."

Freiburg, den 10. Februar 1843.

Petrus Tobis,
Bischof von Lausanne und Genf.

III. Aus dem Schreiben des Hochwür= digsten Bischofs von Chur.

„c. Das Verhältniß dieses Ordens zur Welt=
geistlichkeit war und ist in jeder Beziehung befriedi=
gend, indem derselbe immer bemüht ist, dem Säcu=
larclerus in seinen seelsorglichen Arbeiten zu unter=
stützen, und das Ansehen desselben, sowie seine Wirk=
samkeit zu heben.

d. Das Verhältniß dieses Ordens zum Ordina=
riate ist gleich den übrigen kirchlichen Orden meines
Sprengels. In Dingen des Ordens und daheriger
Disciplin steht er unter seinen eigenen organischen
Obern; in Dingen der Seelsorge aber ist er dem
Ordinariate untergeordnet, und gab in dieser Be=
ziehung bisher nicht nur keinen Anlaß zu Klagen,
sondern verdient vielmehr wegen dem musterhaften
Wandel seiner Mitglieder, wegen ihren orthodoxen
Grundsätzen und Seeleneifer, sowie hinsichtlich seiner

Subordination gegen das Ordinariat volle Anerkennung und alles Lob."

Chur, den 14. Hornung 1843.

Johann Georg, Bischof.

Jak. Fr. Riesch,

bischöflicher Kanzler und Domherr.

IV. Aus dem Schreiben des Hochwürdigsten Bischofs von Linz.

Ad c. „Ihre Verhältnisse mit der Weltpriester-
schaft stehen gut, nicht nur ohne Klage, sondern auf ver-
trauensvollem Fuße. Eine kleine Ausnahme fla-
cher Neologen zählen nichts. Auf die religiöse
Bildung des Säcularclerus haben sie während ihres Hierseins durch musterhaften Wandel überaus
wohlthätig eingewirkt, und so oft ihnen Gelegenheit
gegeben worden ist, auch in jedem Fache solche Kennt-
nisse verrathen, daß sie gleichen Schritt mit den
gründlichsten Gelehrten halten, wo nicht manche derselben übertreffen.

Ad d. Das Verhältniß dieser Ordensglieder zum
bischöflichen Ordinariate. Es ist ein bekannter Vorwurf, welcher der Wiedereinführung der Gesellschaft
Jesu an vielen Orten gemacht wird, daß sich dieselbe
den Bischöfen eben nicht so gerne unterwerfe. Ich
vernahm dies öfters, und glaubte sogar eifernd für
das höhere und göttliche Recht der bischöflichen Würde,

gelegenheitlich eine Prüfung anstellen zu dürfen. Um keinen Hehl zu übergehen, schien es mir anfangs, daß sie sich bei gottesdienstlichen Handlungen gegen die bestehende Ordnung hinausjetzen wollten. Allein, es war nicht mehr nothwendig, als ein paar Worte, und ich fand an ihnen nicht nur die gehorsamsten Diener des Altars, sondern ein lebendiges Muster der unbedingten Unterwerfung. O möchten alle Priester so willig zu leiten sein!"

Linz, den 6. Februar 1843.

Dr. Gregorius Thomas,
Ord. S. Bened., Bischof.

V. Aus dem Schreiben des Hochwürdigsten Fürstbischofs von Grätz.

„Ad c. Ihr Verhältniß zur Weltgeistlichkeit läßt im Allgemeinen nichts zu wünschen übrig. Diese Ordensväter kommen den Pfarrern jedesmal sehr gefällig entgegen, wenn sie ersucht werden, in ihren Kirchen zu predigen, und leisten unermüdet Aushülfe im Beichtstuhle und am Krankenbette. Auch vergeht selten eine Woche im Jahre, wo nicht ein oder zwei Weltpriester — Pfarrer und Kapläne von der Stadt und vom Lande — in ihr Noviziathaus kommen, um auf mehrere oder volle acht Tage aus freiem Antriebe unter ihrer Anleitung eine GeistesRecollection zu halten. Schon seit mehrern Jahren lade ich

meinen Diözesanclerus zu allgemeinen geiftlichen Exer=
zitien ein, welche ich von einem Priefter der Gefell=
fchaft Jefu abhalten laffe; und jedeSmal finden fich
fo Viele dabei ein, daß, obfchon über 150 Priefter
daran Theil nehmen können, noch mehrere ihren
Wunfch, dabei zu erfcheinen, nicht befriedigen können,
weil es an Raum gebricht, eine noch größere Anzahl
zu beherbergen. Es find auch fchon mehrere Diöce=
fanpriefter in ihr Collegium eingetreten.

Wenn aus diefem Vertrauen das freundliche Ver=
hältniß des Säcularclerus zu. den Jefuiten deutlich
hervorgeht, fo darf ich auch nicht unberührt laffen,
daß fie auch mit der an derfelben Kirche angeftellten
Pfarrgeiftlichkeit fortwährend im guten Einvernehmen
leben, indem fie ein Klofter bewohnen, deffen Kirche
früher Pfarrkirche war, und welche in diefer Eigen=
fchaft nun zum gemeinfchaftlichen Gebrauche noch
fortbefteht, wobei jedoch, da die Jefuiten keine Pfarr=
gefchäfte übernehmen, Säcularpriefter angeftellt find.

Kann die Gefellfchaft Jefu, da ihr in meiner
Diöcefe noch keine öffentliche Lehranftalt übergeben
wurde, daher auf die wiffenfchaftliche und religiöfe
Bildung des Clerus noch nicht unmittelbar einwir=
ken, fo läßt fich doch nicht verkennen, daß die Je=
fuiten mittelbar einen fehr wohlthätigen Einfluß üben
durch ihren mufterhaften Wandel als Priefter und
Ordenspersonen, durch ihre vielfeitige Bildung in der

theologischen Wissenschaft, durch die Gründlichkeit
und Salbung ihres öffentlichen Unterrichtes, und durch
die kluge und fruchtbare Leitung der Seelen von Personen aus allen Ständen, die zu ihnen volles Vertrauen haben, so daß ich zu meinem innigen Troste
die volle Ueberzeugung habe, daß durch die gute
Wirksamkeit dieser Ordensgemeinde auch der Geist
des Weltclerus in meinem Kirchensprengel eine vor-
theilhaftere Richtung genommen hat.

Ich würde ihnen auch mit aller Beruhigung
eine theologische Lehranstalt anvertrauen, wenn die
Umstände es zuließen, ihnen selbe zu übergeben.

Ad d. Was den vierten Punkt betrifft, so kann
ein Bischof über das Verhältniß der Jesuiten zum
Ordinariate ganz beruhigt sein. Sie sind ohne Ausnahme ganz zuverlässige Priester und daher für jeden
Bischof sehr erwünschte Mitarbeiter im Weinberge
des Herrn.

Zwar stehen sie als Ordensglieder nicht unmittelbar unter dem Ordinariate, indem sie nach Vorschrift ihrer Regel, was die Ordensdisciplin und das
innere Leben betrifft, von den Ordensobern geleitet
werden. Da sie jedoch durch ihre Localobern, dann
den Provinzial und Ordensgeneral mit dem Oberhaupte der Kirche in engster Verbindung stehen, und
mit aller Genauigkeit auf die Beobachtung ihrer,
von der heiligen Kirche gutgeheißenen Ordensvor-

schriften halten, so wird ein Bischof nicht Ursache haben, auf ihr inneres Leben in der Ordensgemeinde und ihre Ordensdisciplin unmittelbaren Einfluß zu nehmen; und sollte sich nach den Wahrnehmungen des Ordinariates bei ein oder dem andern Individuum ein Gebrechen ergeben, so ist von den Ordensobern zu erwarten, daß sie den Wünschen des Bischofs mit Bereitwilligkeit zu entsprechen geneigt sein werden.

Hinsichtlich der Seelsorge und des öffentlichen Gottesdienstes beobachten sie ohnehin gewissenhaft auch die Anordnungen des Ordinariates.

Ich habe mir die volle Ueberzeugung verschafft, daß die Jesuiten nach den besten Grundsätzen geleitet werden, und mit Kopf und Herz, und zwar um des Gewissens wegen, es für die heiligste Pflicht halten, der kirchlichen sowie der politischen Behörde gehorsam zu sein, und die ihnen Anvertrauten also anzuleiten, dasselbe zu thun, sie mögen unter einer monarchischen oder constitutionellen Regierung oder unter einer Republik, kurz unter was immer für äußern Verhältnissen leben.

Und weil sie überzeugt sind, daß ich ihrem, im rechten Maße selbstständigen Wirken nicht mißtraue, so kommen auch sie mir mit Vertrauen entgegen, und bringen sogar mit dem aufrichtigen Wunsche, daß ich Zeuge ihres Wirkens sein möchte, öfter in mich, sie zu besuchen und ihr Thun und Lassen zu beobachten".

Grätz am 22. Februar.

Roman, Fürstbischof.

Diesen Zeugnissen der Hochw. HH. Bischöfe wird man nun freilich durch die gesuchte Ausflucht: diese selbst seien allesammt „Affiliirte" der Jesuiten, die Spitze abzubrechen suchen. Daß damit nichts widerlegt ist, leuchtet ein, da jeder Ehrenmann, der in Sachen der Religion der Autorität der Kirche, und in Sachen der Politik den Grundsätzen des Rechtes und der Ordnung folgt, schon längst von gewisser Seite als ein „Affiliirter" der Jesuiten, wo nicht gar als ein „Jesuit" selbst verschrien wird. Doch verlohnt es sich der Mühe, dem Gespenste der Affiliation gründlich auf den Leib zu rücken; es wird sich ergeben, daß gerade bei der Gesellschaft Jesu unter allen Orden am wenigsten von „Affiliation" die Rede sein kann. In Bezug auf religiöse Orden findet Affiliation nur auf folgende Weise Statt:

Erstens, wenn ein geschlossenes Kloster irgendwo z. B. durch Colonisation eine neue Klosterniederlassung gründet, so wird letztere dem ersten als „affiliirt" betrachtet. So ist St. Meinrad in Nordamerika dem Benedictiner-Kloster zu Einsiedeln affiliirt. Bei den Jesuiten kann dieses Verhältniß nicht vorkommen; jedes einzelne Haus ist in Bezug auf ein anderes ganz selbstständig und steht mit den übrigen nur unter den allgemeinen Obern.

Zweitens durch Frauenklöster, die, soweit als möglich, dieselben Regeln befolgen und in einem gewissen Unterthänigkeitsverhältniß stehen. Fast alle ältern Orden und Congregationen haben solche „affiliirte" Frauenklöster; nur der Jesuitenorden hat, kraft seiner Constitutionen, eine solche Verbindung stets von sich abgewiesen, und der vorübergehende, von einer frommen Frauencongregation gemachte, Versuch, welchen wir in der Geschichte finden, ist alsbald an der bekannten Consequenz des Ordens gescheitert.

Drittens durch s. g. „dritte" Orden, wie solche z. B. dem Orden des h. Dominikus, des h. Franziskus u. s. w. „affiliirt" sind. Die Gesellschaft Jesu hat keinen „dritten" Orden.

Viertens durch das Gelübde des Gehorsams, wodurch Beichtkinder zu ihrem Gewissensrathe und Seelenführer in eine Art „Kindschaftsverhältniß" oder „Affiliation" treten. Den Priestern der Gesellschaft Jesu aber ist die Annahme eines solchen Gelübdes durch ihre 19. Regel förmlich verboten. *)

---

*) Reg. Sacerdotum 19. „Particularem personarum, praesertim feminarum, curam nemo suscipiat: et quamvis Confessarius pro suo munere in vita spirituali poenitentem instituat, nullius tamen obedientiam admittat."

Fünftens endlich durch Theilnahme an den geistlichen Verdiensten des Ordens, wenn diese etwa großen Wohlthätern aus Dankbarkeit durch f. g. „Affiliationsbriefe" zuerkannt wird. Nur diese letzte Art geistiger Verbindung mit dem Orden ist bei der Gesellschaft Jesu zulässig, wie sie auch bei allen übrigen Orden vorkommt, ohne daß man über eine so unschuldige Sache sich jemals zu beschweren hatte. Warum wird denn gerade bei diesem Orden Alles zu einem unheimlich drohenden Gespenste? —

Man will bei den Jesuiten eben sich durchaus nicht zurechtfinden, und auch hieran sollen sie selbst Schuld sein. „Der Jesuitenorden," sagt man zuletzt, „ist nun einmal nicht mehr zeit= gemäß." *)

Wir könnten hier fragen: Als die Kirche diesen Orden auf dem ganzen Erdboden wieder herstellte, hielt sie denselben für zeitgemäß oder nicht? — Und wenn die kirchliche Autorität sich hierüber so unzwei= deutig erklärt hat, welchem Laien steht es dann zu, im entgegengesetzten Sinne sich ein Urtheil anzuma= ßen?

Wie über das Wesen eines Ordens, so kann

---

*) Daß er wenigstens p o p u l ä r sei, stellte sich noch jüngst in Aachen heraus, als wenigstens 5000 Menschen die Leiche des P. Neltner zu Grabe geleiteten. Man denke ferner an den ungeheu= ren Zudrang des katholischen Volkes zu den Jesuitenmissionen.

auch über dessen Zweckmäßigkeit nur die Kirche entscheiden. Warum hält man die Gesellschaft Jesu nicht für zeitgemäß? — Eigentlich nur deshalb, weil sie sich den Launen der Zeit zu wenig anpaßt; weil sie nicht von jedem „Winde der Lehre" hin und her getrieben wird; weil sie des Menschen Ziel und Bestimmung, weil sie Welt und Himmel, das zeitliche Leben und die Ewigkeit nicht im modernen Lichte schillernder Theorien, sondern nach der immer alten und immer neuen, unwandelbaren Wahrheit betrachtet. Auch die katholische Kirche erscheint Vielen aus demselben Grunde nicht mehr ganz zeitgemäß; an der Unwandelbarkeit ihrer Dogmen festhaltend, bleibt sie offenbar hinter dem modernen Fortschritte zurück. Man wünscht sie in einzelnen Stücken nachgiebiger, galanter; vom übernatürlichen Standpunkte der alten Zeit sollte sie bisweilen herabsteigen zur „natürlichen Berechtigung" der Neuzeit, zu ihren modernen Formen, zu ihren lichteren, freiern Gesichtspunkten. Das ist dieselbe Befangenheit, welche gewisse Männer zu dem erwähnten Vorwurfe gegen den Jesuitenorden veranlaßt. Die Gesellschaft Jesu hat eine so bestimmte und dabei so freie Verfassung, einen so festen und doch so beweglichen Organismus; sie hat überdies ein so kirchliches Ziel, hat so kirchliche Mittel, daß man einiger Maßen wohl sagen kann, sie altere so wenig, wie die Kirche selber. Was hat

denn diese Gesellschaft, daß sie nicht von der Kirche
erhalten hat, nicht immer neu und frisch von der Kirche
wieder bekommen könnte? — Nur Seelen sucht sie
zu retten, wie die Kirche, durch die geoffenbarte göttliche Lehre, durch die heiligen Sakramente und Heilsmittel, wie die Kirche. Wie die Kirche hat sie einen
wesentlich katholischen d. h. universellen Charakter:
sie umfaßt alle Länder, alle Sprachen, alle Wissenschaften, alle Künste, alle Leiden, wie die Kirche, um so viel
möglich allen Menschen den Erlösungspreis des Blutes
Jesu Christi zu vermitteln. Wie? Und ein solcher Orden wäre nicht mehr zeitgemäß? — Zahlreiche gelehrte
und fromme Beichtväter, die den mannigfachsten und
schwierigsten Bedürfnissen entgegenkommen, sind die
nicht zeitgemäß? — Ausgezeichnete Kanzelredner, die
auch den Lauesten aus dem Schlafe rütteln, und der
modernen Aufklärung im Namen Gottes imponiren,
Männer, wie die PP. Roh und Klinkowström in
Deutschland, de Ravignan und Felix in Frankreich,
sind die nicht zeitgemäß? — Die Conferenzen des P.
Haßlacher, die Missionen der PP. Roder, v. Zeil, Pott-
geißer, Zurstraßen, womit die Gesellschaft ganze Städte
und Provinzen wieder für das religiöse Leben begeistert,
und die Marianischen Congregationen zu Aachen, Köln,
Münster, Paderborn, Bonn und endlich die Exercitien für Priester und Laien aus jedem Stande:
sind die nicht zeitgemäß? — In Amerika unternimmt

P. Weninger Missionsreisen von den Quellen des Mississippi bis an seine Mündungen, die wahre Triumphzüge des h. Glaubens sind, und, wiederholten Nachrichten zufolge, selbst von auffallenden Wundern begleitet waren: sind auch diese nicht zeitgemäß? — Im Interesse des zeitlichen Comforts befährt man die Handelswege nach Indien und China, gründet Handelsplätze an den Küsten Japans und rafft Gold zusammen in Californien; wir geben zu, das ist zeitgemäß. Wenn nun aber Jesuiten-Missionäre, im Interesse des ewigen Heiles, dieselben Wege befahren und dem Beispiele der Apostel folgen; wenn sie in jeder neu gegründeten Colonie Amerikas neben den Götzentempeln des Mammon sofort auch das Panier des Glaubens aufpflanzen; wenn sie die heidnischen Stämme Asiens in den Schafstall der Kirche einführen und ihre Laufbahn in Syrien oder China mit dem Martertode beschließen:*) von welchem Standpunkte aus kann man solches nicht zeitgemäß nennen? — An die wissenschaftliche Tüchtigkeit dieses Ordens braucht man nur zu erinnern; ebenso an seine Leistungen für die Erziehung der Jugend, wozu den Je-

---

*) Auf Anfrage wurde uns gütigst ein „Katalog" des Ordens mitgetheilt, welchem zufolge die Gesellschaft Jesu i. J. 1863 allein für die auswärtigen Missionen 1395 Mitglieder verwendete, eine überraschend hohe Zahl, wenn man bedenkt, daß der Orden kaum 3000 Priester zählt.

suiten ein ganz besonderes Geschick einmal nicht ab-
gesprochen werden kann: ist beides aber nicht zeitgemäß? — Ist endlich das durchgreifende Princip
des Ordens, der Gehorsam gegen jede rechtmäßige
Autorität, ist das einer rationalisirenden und revolu-
tionirenden Zügellosigkeit gegenüber, die Alles über-
wuchert, auch nicht zeitgemäß? — Gehorsam werden
wir jedenfalls noch lernen müssen; wenn wir aber
den Gehorsam im Namen des christlichen Glaubens
nicht für zeitgemäß halten, wollen wir denn etwa
lieber den Gehorsam im Namen der Knute? —
Kurz, wenn einmal der Grundsatz gilt: „Alles zu
unserer Ehre und nicht mehr zur Ehre Gottes";
wenn es einmal keine Seelen mehr gibt, die durch
ein apostolisches Leben, durch aufopfernde Thätigkeit
und kirchliche Heilsmittel zu retten, zu bilden und zu
vervollkommnen sind; wenn es einmal selbst keine
Kirche mehr gibt, deren Vertheidigung gegen die Hölle
und ihre Helfershelfer als ein edler, von Gott ein-
gegebener Beruf zu betrachten ist: — dann, aber
dann allein, ist auch der Jesuitenorden nicht mehr
zeitgemäß; denn dann hat er, wie jeder andere religiöse Orden, kein Ziel und keine Bestimmung mehr:
er ist unmöglich geworden.

Bis dahin aber bleibe die Gesellschaft Jesu ge-
treu ihren Satzungen, ohne um das Wohlwollen der
„Zeit" zu buhlen! Fest sich anschließend an die heilige

Kirche, welche die Pforten der Hölle nicht überwältigen werden, mag sie getrost durch Freud und Leid,
durch Ehre und Schmach ihrem göttlichen Herrn und
Meister folgen. Besser als ihm wird es ihr nie ergehen; aber während sie die Verfolgungen zur eigenen
Läuterung stets weise benutzt, darf sie darin zugleich
auch das Zeugniß eines guten Lebens erkennen und
die Erfüllung jener Verheißung: „Wie sie mich verfolgt haben, so werden sie auch euch verfolgen. Alles
dieses aber werden sie euch anthun um meines
Namens willen“.

Schlußwort.

Wenn wir am Ende dieser Schrift einen Blick auf
die Gesichtspunkte zurückwerfen, unter denen wir die
religiösen Orden ins Auge gefaßt haben, so kann uns
die große kirchliche und staatliche Berechtigung derselben unmöglich entgehen. Ihr eigentlicher Ursprung,
ihre Zwecke und Mittel, ihre Kämpfe und Siege,
kurz, ihre ganze Geschichte fällt zusammen mit der
Kirche. Wohl sind sie nicht das Wesen der Kirche,
aber sie sind ihre Blüthe und ihre Frucht; und wie
Christenthum und Kirche ein Bedürfniß der Menschheit sind, so sind die religiösen Orden nothwendig,
um den sittlichen und religiösen Forderungen eines ka-

tholischen Volkes zu genügen. Wo immer man deshalb, die sociale Freiheit recht begreifend, auch der
Kirche ihre vollständige Freiheit zuerkannt hat, da
kann nur der Unverstand einer verspäteten Bureaukratie vor den geistlichen Orden seine Schlagbäume
noch senken wollen. Das ist in Preußen ganz besonders, wie in den übrigen deutschen Ländern, wo
die Staatsverfassungen die frühern Hemmnisse beseitigt haben und volle Gewissensfreiheit und freies
Vereinsrecht garantiren, allgemein anerkannt; und
auf diesem Wege des Rechtes und der Consequenz
steht der katholischen Kirche in Deutschland, wie im
übrigen Europa, eine tröstliche Zukunft offen.

Aber eben diese Aussicht treibt ihre Feinde zum
verzweiflungsvollen Kampfe. Und es scheint, daß
jetzt ihre Stunde gekommen ist, um mit vereinten
Kräften und nach einheitlichem Plane gegen die
Kirche entscheidend zu operiren. Täuschen wir uns
nicht: das ist der innerste Kern, dies das eigentliche
Ferment der bevorstehenden allgemeinen Revolution.
Ihre Plänkeler sehen wir in voller Thätigkeit. Die
von den Logen bezahlten Apostaten, Renan und der
Verfasser des „Maudit" in Frankreich haben, eben-
so wie Mazzini und seine Partei in Italien, erst das
Lied vorgesungen, und schon steht ein guter Theil
Verblendeter diesseits der Alpen und des Rheins im
Begriffe, es meisterlich nachzuleiern: das Lied vom

Umsturze aller Autorität, von Zertrümmerung der kirchlichen Macht und des Christenthums. Deshalb schmäht man auch bei uns, wie auf ertheiltes Commando, mit cynischer Unverschämtheit die religiösen Orden und verlästert man die Priester des Altars; deshalb reißt man im wahnsinnigsten Frevelmuthe selbst die Krone der Gottheit vom Haupte unseres Erlösers!

Auf dieses große Complot der Bosheit wollten wir aufmerksam machen, und in Bezug auf die befeindeten religiösen Orden die Gesichtspunkte nahe legen, welche, wie wir glauben, in dem Gewirre der Meinungen eine Orientirung erleichtern. Die Katholiken namentlich fordern wir auf, weder von dem Gerede des Tages noch von den Hetzartikeln der Presse sich verwirren zu lassen. Ein ganzes Netz hinterlistiger Operationen hat der Feind gesponnen, um uns zu umgarnen, wenn wir nicht wachsamen Auges auf der Hut sind. Seien wir gerüstet zum Kampfe. Das Programm des Gegners ist kurz gefaßt. Mit alten und neuen Schmähungen stürmt man gegen die Jesuiten, weil man alle religiöse Orden vernichten will; gegen die Orden stürmt man, weil man den ganzen katholischen Clerus beseitigen will; gegen den Clerus stürmt man, weil man die Kirche zerstören will; und gegen die Kirche stürmt man, weil man geradezu alles Christenthum von dem Erd-

boden hinwegfegen möchte, um an seine Stelle eine
s. g. Naturreligion zu setzen mit nur drei Evange-
lien: dem des Geldes, dem des Fleisches und dem
der Selbstsucht. Als „Gott" dieses neuen Cultus
hat sich in Amerika und Frankreich bereits der Teufel
inthronisiren lassen, und Millionen Anhänger des
„Spiritism" beugen vor Satan ihre Knie — rings
umgeben von dem Glanze des Christenthums!

Wachen und beten wir! Aber das ist nicht genug: arbeiten wir auch, jeder nach seiner Stellung
und seinen Kräften, in Schule und Haus, in Gesellschaften und Vereinen, in Kirche und Staat, durch
Wort und durch Schrift: immer als Männer von
unbeirrten Grundsätzen und von Charakter! Unser
Programm ist durch das feindliche uns vorgezeichnet. Wir wollen das Christenthum, darum vertheidigen wir die Kirche; wir wollen die Kirche,
darum vertheidigen wir die Priester; wir wollen
die Priester, darum vertheidigen wir die religiösen
Orden; und weil wir die Orden wollen, darum vertheidigen wir auch die Jesuiten*). Keine Concession
um des lieben Friedens willen! Si vis pacem, para
bellum: Kampf allein ist die Garantie des Friedens.

---

*) Ich kann nicht umhin, schließlich hinzuweisen auf das voll-
wichtige Zeugniß für die Gesellschaft Jesu von einem erleuchteten
Kirchenfürsten: „Ein bischöfliches Wort an die Protestanten Deutschlands von Dr. Konrad Martin, Bischof von Paderborn. Seite 225."